上海市卫生和健康发展研究中心
国外最新卫生政策研究译丛

COMMUNICATION AND SWALLOWING CHANGES IN HEALTHY AGING ADULTS

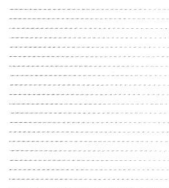

健康老年人的沟通与吞咽变化

[美]安吉拉 · N.布尔达(Angela N. Burda) 著

丁汉升 主审

曹宜璠 袁玉芹 主译

上海交通大学出版社
SHANGHAI JIAO TONG UNIVERSITY PRESS

内容提要

    本书共分九章,汇编并介绍了健康老年人在听觉理解、阅读理解、表达、书写、嗓音和运动语言能力、认知和吞咽等方面表现和能力的现有研究,同时还介绍了世界卫生组织"国际功能、残疾和健康分类"(ICF)的原则及其在老年人中的应用,每章节的末尾还包括关键知识点的梳理总结及思考题。本书可供言语治疗师或老年医学领域的学习者、从业者参考借鉴。

图书在版编目(CIP)数据

健康老年人的沟通与吞咽变化/ (美)安吉拉·布尔
达(Angela N. Burda)著;曹宜璠,袁玉芹主译.—
上海:上海交通大学出版社,2021
ISBN 978 - 7 - 313 - 24339 - 3

Ⅰ.①健… Ⅱ.①安… ②曹… ③袁… Ⅲ.①老年人
—心理交往—研究②老年人—吞咽障碍—研究 Ⅳ.
①C912.11②R745.1

中国版本图书馆 CIP 数据核字(2021)第 038126 号

ORIGINAL ENGLISH LANGUAGE EDITION PUBLISHED BY
Jones & Bartlett Learning, LLC
5 Wall Street
Burlington, MA 01803 USA

COMMUNICATION AND SWALLOWING CHANGES IN HEALTHY AGING ADULTS, ANGELA N.
BURDA, ©copyright 2011 JONES & BARTLETT LEARNING, LLC. ALL RIGHTS RESERVED.

上海市版权局著作权合同登记号 图字:09 - 2019 - 797 号

健康老年人的沟通与吞咽变化
JIANKANG LAONIANREN DE GOUTONG YU TUNYAN BIANHUA

著 者:	[美]安吉拉·布尔达(Angela N. Burda)	主 译:	曹宜璠 袁玉芹
出版发行:	上海交通大学出版社	地 址:	上海市番禺路 951 号
邮政编码:	200030	电 话:	021 - 64071208
印 制:	常熟市文化印刷有限公司	经 销:	全国新华书店
开 本:	710 mm×1000 mm 1/16	印 张:	11.25
字 数:	183 千字		
版 次:	2021 年 4 月第 1 版	印 次:	2021 年 4 月第 1 次印刷
书 号:	ISBN 978 - 7 - 313 - 24339 - 3		
定 价:	78.00 元		

版权所有 侵权必究
告读者:如发现本书有印装质量问题请与印刷厂质量科联系
联系电话:0512 - 52219025

前　言

　　据美国语言听力协会统计，约有 39 000 名言语治疗师在医疗机构工作，其中有 6 000 人为长期照护机构的在职人员。这些言语治疗师接诊的许多患者都是老年人。幸运的是，关于老年人因中风、颅脑损伤和阿兹海默病或帕金森病等疾病而可能导致的种种认知语言障碍、运动语言障碍和吞咽障碍，我们的学科有大量相关文献可供查阅。但是，我们的领域所缺乏的是，言语治疗师能从健康的老年人身上看到何种状态的规范性信息。脱离了这些数据，言语治疗师无法全面比较老年患者的状态何谓正常、何谓病态。而如果言语治疗师连什么样的情况属于正常都不知道，他们就无法尽可能高效地进行治疗。他们可能会高估或低估老年人的能力。但是，在医疗机构工作的言语治疗师必须评估患者状态，且通常必须快速地做出治疗决策。为此，作者撰写了本书，旨在为言语治疗师出谋划策，帮助他们确立对老年患者的评估和治疗。撰写本书的另一目的是为言语病理学学生了解老年人口提供实用的信息。此外，本书一些篇章含有未在别处发表过的原创资料。最后一章采用世卫组织的"国际功能、残疾和健康分类"，更广泛地探讨了老年人的沟通能力和健康状况，该标准是一个越来越重要的有见地的视角。希望不同层次的读者，无论是学生还是在职的专业人士，都能在本书中有所收获。

序

    随着美国及世界上许多国家人口老龄化的加剧,言语治疗师接诊的患者许多都为老年人。老年人拥有怎样的认知语言、运动语言、嗓音和吞咽能力属于正常,是言语治疗师亟待掌握的方面,且有必要对言语-语言病理学进行循证实践。

    《健康老年人的沟通与吞咽变化》一书,汇编并介绍了健康老年人在听觉理解、阅读理解、表达、书写、嗓音和运动言语能力、认知和吞咽等方面表现和能力的现有研究。同时,还介绍了世界卫生组织"国际功能、残疾和健康分类"的原则及其在老年人中的应用。每章节的末尾还包括关键知识点的梳理总结及思考题。

    本书将有助于言语治疗师了解、掌握老年人正常状态或病态的规范性信息与特征。为准确评估老年人的能力,及时有效地做出老年人正常或非典型衰老过程的鉴别诊断提供循证依据。该书还可作为一本有用的资源或教材,为言语-语言病理学专业或老年医学领域的从业者提供必要的帮助。

    目前,我国现有的职业种类中尚未纳入言语语言治疗师,言语语言康复专业人才缺口较大,希望此书能够为中国老年健康事业、言语语言康复行业的决策者和实践者提供参考和借鉴,也希望读者能从本书中获取大量实用的信息,并有所收获。

2021 年 3 月于上海

国外最新卫生政策研究译丛
编委会

目　录

第一章
导言与理论观点

Angela N. Burda,博士,认证言语治疗师

随着美国和世界上许多国家人口的迅速老龄化,老年人拥有怎样的认知语言、运动语言、嗓音和吞咽能力属于正常,成为言语治疗师亟待掌握的方面,同时也是言语病理学循证实践孜孜以求的目标(Reilly,Douglas & Oates,2004)。如果存在常模数据,将有助于言语治疗师遵守美国语言听力协会立场声明中的循证实践准则(American Speech-Language Hearing Association,2005)。该立场文件在某种程度上指出,言语治疗师必须认识到"作为他们临床服务对象的个人和家庭的需求和能力,并在做出临床决策时将这些因素与当前最佳研究证据及其自身的临床专业知识相结合"。此外,言语治疗师还需要"掌握和维持提供高质量专业服务所需的知识和技能,包括与循证实践相关的知识和技能"(American Speech-Language Hearing Association,2005,第1页)。

有鉴于此,我们编写了本书,旨在为言语治疗师的老年患者评估和治疗方案决策提供帮助。言语治疗师还必须学会使用世界卫生组织制定的"国际功能、残疾和健康分类",以更广阔的视角看待老年人的健康。

本书第二章至第八章的结构安排类似:针对所探讨的话题,先介绍老年人通常有着怎样的能力;接着描述哪些因素会对这些能力造成负面影响,以及出现哪些问题迹象需要转诊给相关医疗专家;然后讨论了对解决这些问题有帮助的一些策略。最后一章探讨了世卫组织框架及其在老年人口中的应用。每一章末尾均有对关键知识点进行总结的"要点速览"和一些论述题。本书附有术语表,包含可能比较生僻的一些词汇;附录是供言语治疗师采用的成人量表,对其中各

项测试的优缺点均一一作了介绍。本章给出了适用于本书的操作性定义,并提出了影响认知和语言的年龄相关变化的理论观点。和本书的其他各章一样,本章的结尾也有"要点速览"和论述题。

操作性定义:健康与衰老

怎样算健康? 一个人在多大年龄可以被认为老了? 虽然这两个词似乎都很容易理解,但实际上,找到适当的定义还是有些困难的。虽然许多研究都以健康的老年人为研究对象,却很少有研究人员能真正说明他们所说的健康是什么意思。本书沿用其他一些作者(Cohn,Dustman,Bradford,1984;Collie,Shafiq-Antonacci,Maruff,Tyler,Currie,1999;Meijer,De Groot,Van Boxtel,Van Gerven,Jolles,2006)的做法,将"健康"定义为未患有可能会干扰本书所探讨之能力(如听觉理解能力、吞咽能力)的任何神经系统疾病或障碍,如中风、痴呆,或阿尔茨海默病和多发性硬化症等渐进性疾病。但是,有的研究人员在对健康的老年人群进行分类时还使用其他一些标准。例如,Collie 及其同事(1999)指出,他们的研究对象不能患有癫痫、糖尿病、甲状腺疾病、重度抑郁/焦虑或其他精神疾病。而 Carlson、Fried、Xue、Bandeen-Roche、Zeger 和 Brandt(1999)的研究则是以身体机能良好且拥有完整认知能力的老年人为对象。研究对象不能存在神经损伤,这一点很关键。因为如果存在神经损伤,即使像一过性脑缺血发作症状一样似乎得到了解决(Shankle & Amen,2005),也很容易影响本书中描述的能力。在某些情况下,研究人员所使用的"正常"或"神经功能完好"这两个词语与"健康"(health)一词同义(Peel,Bartlett & McClure,2004)。

给"老年人"下定义也并非易事。符合衰老说法的情况似乎包罗万象。许多人 50 岁收到美国退休人员协会的第一期免费杂志时都很惊讶;许多 70 岁的老人感觉自己一如既往地精力旺盛和健康,他们认为年岁并不一定能反映出他们所感受到的活力(Stephens,1991)。关于何谓"老年人",从学术论文中也无法得到更多精确定义。一些研究将 50 岁及以上的人划分为老年人(Constantinidou & Baker,2002;De Beni,Palladino,Borella & Lo Presti,2003;Federmeier,Van Petten,Schwartz & Kutas,2003),而另一些调查则认为 65 岁及以上的人为"老年人"(Gordon-Salant & Fitzgibbons,1999;Little,Prentice,Darrow & Wingfield,2005;Pichora-Fuller,Schneider & Daneman,1995)。许多研究未规定最大年龄,允许 80 多岁和 90 多岁的人参与(Burda,2007,2008;De Beni et al.,2003;Kemper,1986;Parkin & Java,1999)。研究人员也可以对老年人进行初老、老年和耄耋分类,通常最低年龄为 65 岁(Burda,2007,2008;Schmitt,1983)。在本书中,"老年人"一般指 65 岁及以上的人。但是,需要注意的是,有的情况下,某项有价值的研究在选取老年受试者(例如,De Beni et al.,2003;Federmeier et al.,2003)时,亦可能将 50 多岁的人划入老年人类别。

虽说本书探讨的能力明显会发生增龄性变化,但这些能力在一定程度上极大地影响了老年人的整体健康和幸福(Shadden & Toner,1997;Worrall & Hickson,2003)。健康状况总体良好的老年人往往比他们的实际年龄更显年轻(Gana,Alaphilippe & Bailly,2004);相反,健康状况不佳的老年人则往往显得比其实际年龄更大(Logan,Ward & Spitze,1992;Nakamura,Moritani & Kanetaka,1989)。书中提到的大多数增龄性变化都是逐渐发生的(Buckner,Head & Lustig,2006),与幼儿时期快速的神经变化有很大不同。尽管有报道称人们的身体和心智能力在 20 多岁时达到巅峰(Hutchinson,2008;Skirbekk,2003),亦有大量文献详述了岁月给人们的馈赠,如专业技能和爱好变得精通了(Abraham & Hansson,1995;Ericsson & Kintsch,1995),自信心更强了(MacKinlay,2006),与亲人、朋友和同事的情谊更深厚了(Adams & Blieszner,1995),等等。因此,虽然后面的章节经常描述能力的衰退(Rabbitt & Anderson,2006),但这些变化不一定也绝对不应该被视为某种损失。确实,忘记别人的名字或者不能如愿地飞快想起某一信息是件令人不快的事,但是这种变化并不意味着老年人的生活质量更差。许多人甚至会持与此截然相反的看法。

理 论 观 点

多年来,人们形成了许多认知老化理论,并对这些理论进行了评价。尽管有大量可用的文献,但能解释衰老过程中发生的潜在认知语言变化的清晰理论尚未出现。单凭某一种理论也不可能解释清楚太多不同领域的增龄性变化(Thornton & Light,2006)。虽然本书相当有条理地探讨了老年人的特定能力(如听觉理解、书写能力),但事实上这些能力往往存在一些重叠。举例来说,人们需要有完好的注意力和记忆力,只有这样才能理解别人所问的问题,然后做出适当的回答。不仅能力会重叠,提出的理论也会重叠,因为这些理论往往包含广泛的体系（Light，1991；MacKay & James，2001；Thornton & Light，2006）。尽管这些理论通常涉及潜在的认知变化，但这些变化显然会反过来影响理解能力和表达能力。正如 Thornton 和 Light（2006）所指出的，认知老化理论通常被用来解释与年龄相关的正常语言变化。本章的其余部分将介绍一些人们研究得最多的认知老化理论，以便为读者提供指导。尽管本章探讨的都是支持各种理论的研究，但已发表的反驳或质疑这些理论的研究也不在少数。下文介绍了如下理论：抑制缺陷、传输缺陷、认知衰退和资源减少，包括工作记忆能力减退。此外，还探讨了神经生物学变化导致年龄相关认知能力衰退的假说。

抑制缺陷

抑制缺陷假说认为，衰老削弱了抑制过程，老年人相较于年轻人更难抑制无关信息（Hasher & Zacks，1988；Zacks & Hasher，1997）。例如，老年人更难对用不同字体印刷的令人分心的字词视而不见（Connelly，Hasher & Zacks，1991；Zacks & Hasher，1997）。这种分心减缓了老年人的阅读速度，并给他们对文字的理解和记忆造成了负面影响（Connelly et al.，1991；Zacks & Hasher，1997）。分散注意力的言语也会对老年人的回忆能力产生负面影响。Tun、O'Kane 和 Wingfield（2002）曾做过一项试验，他们让年轻人和老年人一起聆听英语单词，并请他们忽略同时存在的干扰性的英语（有意义）或荷兰语（无意义）。他们发现，与年轻人相比，老年人更难忽视这些干扰性话语，对目标词的回忆也更差。当这些干扰性话语是英语时，他们的表现也最差。

人们针对抑制缺陷假说还进行了一些其他研究，包括单词回忆或单词识别研究。为了理解这些研究，我们首先需要对相关词语进行定义。"近音词"是指与目标词语相比，只有一个音素不同的词汇（Thornton & Light，2006）。举例来说，"dog"（狗）这个词的近音词有"dig"（挖掘）、"bog"（沼泽）、"log"（原木）和"dock"（码头）。目标词语拥有的近音词总数称为"近音词密度"（Thornton & Light，2006）。像"cat"（猫）这样的词处于一个高密度的近音词词群中，因为可以找到许多与其读音类似的单词，例如"mat"（垫子）、"that"（那个）和"cab"（出租车）。而像"wolf"（狼）这样的词则处于低密度近音词词群，因为与该单词有着相似读音的单词要少得多（J. D. Anderson，2007）。"近音词频率"是指这些近音词的使用频率（Thornton & Light，2006）。

研究人员报告称，老年人比年轻人更难识别高密度近音词中的低频词

（Sommers，1996；Sommers & Danielson，1999）。这类单词有"dot"（点）、"pet"（宠物）、"cake"（蛋糕）等（Munson，2007）。但是，如果有语境，特别是在高限制性句子语境（例如，"事故使我感到'恐惧'"对比"史密斯女士思索这种'恐惧'"，前者限制性更高）中，老年人通常也能像年轻人一样准确地识别这类单词。Sommers 和 Danielson（1999）提出了如下理论：老年人很难识别高密度近音词中的低频词，这表明了他们在抑制高密度近音词中的高频词方面存在障碍，从而导致了信息处理困难。另外有一些研究人员称，除了近音词密度之外，单词长度和单词频率也会影响老年人的单词命名能力（Spieler & Balota，2000；Whiting et al.，2003）。比如，对老年人来说，诸如"brood"（焦虑）、"wool"（羊毛）（Whiting et al.，2003）等一些低频词的命名难度更大（Spieler & Balota，2000）。因此，人们提出抑制缺陷假说的依据是：老年人无法忽视存在的干扰性信息或思绪，所以较难准确处理和完成各项任务。

传输缺陷

传输缺陷理论提出，会出现认知老化是因为记忆连接变弱，导致目标信息较难被激活（Burke，MacKay，Worthley & Wade，1991；James & Burke，2000；MacKay & James，2004）。各个语义知识之间互相关联，形成了节点（即概念）网络（J. A. Anderson，1983；Light，1991）。人们经常用"舌尖现象"（TOT）的研究成果来支持这一说法。Brown 和 McNeill（1966）在他们的开创性研究中最早将"舌尖现象"定义为：知道某个词，回忆时感觉"呼之欲出"却又说不出来的情况（第 325 页）。Schwartz（2002）最近也指出，"舌尖现象是指虽然暂时想不起某个目标词，但有一种熟知该词且过后定能想起的强烈感觉"（第 5 页）。

"舌尖现象"随着年龄的增长而增加，这种现象在回忆专有名词和不常使用的单词时最常出现（Burke et al.，1991；Mortensen，Meyer & Humphreys，2006；Schwartz，2002）。人们认为，普通名词在记忆中有更多的关联，比无语义关联、因此连接较弱的专有名字更容易回忆（Thornton & Light，2006）。举个例子，James（2004）最近报告称，与"Farmer"（农民或人名）以职业名称的形式出现时相比，其以专有名词（如 Farmer 先生）形式出现时，老年人更容易出现舌尖现象，这显示普通名词的语义关联看起来比专有名词更强。Maylor（1997）指出，老年人也更容易从回忆起一些较常见的物品的名称，因为这类物品可能有不止一个公认的名称（如"cup""mug"皆可用于指代杯子），而专有名词通常却不是这样。关于舌尖现象的文献中也可以找到近音词密度和频率的概念。例如,老年人在回忆近音词中的低频词,如"lull"(平静)、"joke"(玩笑)、"palm"(手掌)等词时,会出现更多的"舌尖现象"(Vitevitch & Sommers,2003)。相关研究人员解释称,这一发现意味着近音词中的高频词具有更强的记忆关联性,更容易依靠其近音词得到激活,因而更容易被回忆出来(Thornton & Light,2006)。

Schwartz(2002)指出,在将传输缺陷理论应用于"舌尖现象"时,是假定语义和语音层面的表征同时存在的。举例来说,如果有人给出了一个定义,如"防雨或防晒的一种装置",你可能会想起相关物品的含义,甚至眼前可能会出现该物品的形象,但却不能得知这一确切单词"umbrella"(伞)的语音表征(Schwartz,2002)。低频词[如"kiosk"(亭子)、"sump"(水池)]和最近未调用过的词语比高频词[如"house"(房子)、"girl"(女孩)]和最近用到的词更容易导致"舌尖现象"(Gollan & Silverberg,2001;Schwartz,2002)。

尽管随着年龄的增长,语义和语音表征之间的联系会变弱并致使老年人出现更多"舌尖现象"(Mortensen et al.,2006;Rastle & Burke,1996;Schwartz,2002),但这两个层面之间的联系仍然可以依靠多运用相关词语而得到改善(Schwartz,2002)。因此,加强这种联系将减少老年人的"舌尖现象"这一假定是合理的。例如,White 和 Abrams(1999)以及 James 和 Burke(2000)发现,当老年人无法根据目标词定义回忆该词时[如,"什么词的意思是正式放弃王位?"答案:"Abdicate"(退位)],如果提供一个与目标词有着相同音素或有着目标词中某个音节的基础单词[如,"abstract"(抽象的)、"indigent"(贫穷的)、"locate"(定位)等],较多的"舌尖现象"都可迎刃而解。White 和 Abrams(1999)报告称,特别是在提供的基础单词与目标词第一个音节读音相关时,如"abstract"(抽象),老年人出现的"舌尖现象"最少。这一进步表明,提供其他单词不会导致老年人对不相关或干扰性信息的抑制障碍,反而证明了在适当的帮助下,较弱的连接可以得到加强,并最终使回忆能力得到改进(James & Burke,2000;Thornton & Light,2006)。

认知衰退

从理论上说,认知衰退是造成认知老化的潜在原因(Salthouse,1996)。认知衰退包括信息处理速度变慢、注意力和工作记忆能力下降。尽管有人认为注意力和工作记忆能力下降即为认知老化奠定了理论基础(见下一章节),但也有人以更广的视角看待这些下降现象(Salthouse,1996)。正如 Light(1991)指出的,信息处理速度、注意力和工作记忆能力这三个部分之间的关系很复杂,很难区分。虽然人们还没有确定普遍存在的认知衰退可以归结于哪一种原因,但是据推测,这种衰退是由神经系统的较大噪声(Salthouse & Lichty,1985)、神经连接中断或减少(Cerella,1990),或者每个信息处理步骤丢失的信息越来越多(Salthouse,1985)所造成的。

普遍认知衰退与老年人在语言理解和回忆方面的困境有关(Kemper,2006)。例如,老年人更难回忆以较快语速说出的语句,但是在回忆以正常语速说出的语句时却表现良好(Wingfield;Tun & Rosen,1995)。在一些研究中,当语速和必听语句的长短可以调节时,老年人往往会选择较慢的语速和较短的语句(Wingfield & Ducharme,1999;Wingfield,Lahar & Stine,1989)。老年人的阅读速度也会变慢。记忆力良好的老年人阅读整篇文章和句法复杂的句子时耗时较多,而年轻人在阅读文中第一次出现的不常见的单词和新概念时耗时较多(Stine-Morrow,Loveless & Soederberg,1996)。一些研究人员对受试者在记忆测试中的复述速度(Salthouse,1990)和记忆搜索测试中的扫视速度(Cerella,1985)进行过研究,研究报告显示,老年人的反应慢于年轻人。有意思的是,Myerson、Hale、Wagstaff、Poon 和 Smith(1990)指出,即使给老年人更多时间来完成一项目标任务,他们也不会有更好的表现。

资源减少,工作记忆能力下降

该理论背后的观念是,老年人拥有的信息处理资源少于年轻人,当需求量超出资源量时,就会导致不足,这种不足与衰老息息相关(MacKay & James,2001;Light,1991)。举例来说,老年人在聆听时必须快速识别和处理各个语音和单词,然后将接下来听到的单词和句子与前面说过的或存储的内容结合起来(Pichora-Fuller et al.,1995;Thornton & light,2006),如果他们有某种程度的听力衰退,或存在其他因素(如背景噪声或多人同时说话),则其听觉处理会更为吃力(Humes,1996;Schneider,Daneman,Murphy & Kwong-See,2000;van Rooij & Plomp,1990)。在这种情况下,老年人必须重新分配自己的认知资源,并使用其他方法(如自上而下的信息处理方法)来处理收到的信息。自上而下的处理方式意味着老年人在聆听时必须依靠自身对世界和信息背景的了解来弄懂听到的内容。这么做的问题在于,如果老年人越来越依赖自上而下的处理方式,他们就没有足够的资源来关注别人在说些什么，并可能会遗漏有价值的信息。有关老年人阅读能力的研究表明，尽管老年人在阅读一篇文章时，或许为了对文章有个大致理解，一开始会读得较慢，但随后阅读速度会有所提高（Stine-Morrow，Gagne，Morrow & DeWall，2004；Stine-Morrow，Miller & Leno，2001），这么做可以腾出认知资源来关注新的或不熟悉的信息，这也与他们在聆听时的表现相反。

如前所述，一些作者并没有撇清资源（如注意力）减少和工作记忆能力下降与认知衰退之间的关系（Salthouse，1988a，1988b）。另一些人则认为工作记忆能力下降是出现老年性认知障碍的原因（Caplan & Waters，1999；Waters & Caplan，1996，2001，2005）。人们在应用工作记忆时，需要处理、存储和转换信息（Baddeley，2003），例如，离开餐厅时在心里计算要给的小费。老年人的工作记忆能力会有所衰退（Connor，2001；Craik，2000），有假说认为这种现象是由存储容量变少（Zacks & Hasher，1988）、执行所需操作的效率降低（Stine & Wingfield，1987）和精神迟钝（Salthouse，1990）造成的。Waters 与 Caplan（2001，2005）进一步推测，普遍的工作记忆衰退可能太过宽泛，无法解释清楚语言能力增龄性下降现象，需要更有针对性的解释（如，阐释工作记忆衰退对句子理解之负面影响的理论）。

研究人员发现，当工作记忆测试足够困难，如复述复杂句子或倒背数字（即以相反顺序复述一串数字）时，年轻人的表现均会优于老年人（Kemper，1986；Light，1991；Salthouse，Kausler & Saults，1988）。工作记忆老化也会导致老年人话语的语法和句法复杂程度降低（Kemper，Herman & Lian，2003；Kemper & Sumner，2001）。Kemper、Marquis 和 Thompson（2001）对 65～83 岁的一些老年人进行了跟踪评估：65～75 岁时进行第一次评估，79～83 岁时进行最后一次评估；并请他们叙述了自己的一些生平经历。举例来说，评估中所提的问题有："请描述对你人生影响最大的人"和"请描述发生在你身上的意外事件"。这些研究人员还对老年人话语的命题密度和语法复杂性进行了研究。命题密度是指相应话语量所传递的信息量（Kemper & Sumner，2001）。研究结果显示，最显著的语法复杂性和命题密度衰退（即为传达信息需要说更多的话）发生在 74～78 岁，该年龄段前后的衰退则较为平缓。但是，老年人话语的语法复杂性和命题密度的初始水平以及衰退水平存在相当大的个体差异。另外，人们通常认为老年人的话语比年轻人更有趣、信息量更大（James，Burke，Austin & Hulme，1998）。老年人在与儿童和有认知障碍的人交谈时,也能够调整自己的言辞(Adams,Smith,Pasupathi & Vitolo,2002;Kemper,Anagnopoulos,Lyons & Heberlein,1994),这意味着他们拥有足够的工作记忆能力,能够在更改措辞以适应聆听者理解水平的同时记住自己想说的内容。

神经生物学变化

神经生物学变化理论的支持者称,神经生物学的变化是正常增龄性认知衰退的根源,健康老年人的认知衰退(如注意力、工作记忆、执行功能方面的障碍)模式与前额叶皮层受损者的神经心理学特征非常相似(Braver et al.,2001;Moscovitch & Wincour,1995;Perfect,1997;Salat,Kaye & Janowsky,1999;West,1996)。有充分的文献证明,与年轻人相比,老年人会表现出脑容量减少和心室增大(Buckner et al.,2006;Davis & Wright,1977)的现象。虽然脑容量通常在60岁后开始减少,但受影响最早和受影响程度最大的部位是额叶皮层(Haug & Eggers,1991;Salat et al.,1999)。健康的老年人在记住别人的面孔(Grady et al.,1995)或有意识地记住信息(Buckner,Kelley & Petersen,1999;Fletcher & Henson,2001)时,无法像年轻人那样完全激活额叶皮层部位(Logan,Sanders,Snyder,Morris & Buckner,2002;Nyberg et al.,2003)。

人们还认为,老年人认知能力的下降与神经化学物质多巴胺随年龄增长而分泌减少存在联系(Arnsten;Cai;Steere & Goldman-Rakic,1995;Li & Lindenberger,1999;Li;Lindenberger & Frensch,2000;Li;Lindenberger & Sikstrom,2001),而在Braver和同事们(2001)看来,多巴胺在前额叶皮层起调节作用。基于多巴胺分泌增龄性减少的研究报告,我们有理由认为,通过使用药物(如左旋多巴)增加多巴胺分泌或许能阻止或逆转这种认知衰退。但事实上,老年人前额叶皮层的多巴胺受体较少(Suhara et al.,1991),所以这类药物可能无法充分发挥作用(Braver et al.,2001)。另外,有人报告称,造成增龄性认知衰退的不仅有额叶皮质和基底神经节的缺陷,还有海马体和颞叶内侧相关结构的缺陷(Buckner et al.,2006)。

结　束　语

总之,衰老会影响言语治疗师所评估的多种能力。虽然文献报道了大量关于老年人这些能力的信息,但是健康老年人的定义却有些模棱两可。此外,为了解释认知和语言的增龄性变化,人们提出了许多理论假设。但到目前为止,还没有哪一种理论能解释老年人表现出来的众多变化。尽管下文提及了不少老年性衰退现象,但许多老年人的生活仍然不乏活力与意义。

要 点 速 览

- ● 概述
  - ■ 老年人拥有怎样的认知语言、运动语言、语音和吞咽能力属于正常,是言语治疗师亟待掌握的方面
  - ■ 言语治疗师还必须学会使用世卫组织制定的"国际功能、残疾和健康分类",从更广阔的视角看待老年人的健康问题
  - ■ 满足这些需求也是言语病理学循证实践(EBP)孜孜以求的目标
- ● 适用于本书的操作定义
  - ■ 健康是指未罹患会干扰本书中讨论之能力的任何神经系统疾病或障碍(如中风、痴呆)
  - ■ "正常"和"神经功能完好"与"健康"一词同义。在研究中,老年人通常指65岁及以上的人,但也有些研究将50多岁的人看作老年人进行研究
  - ■ 是否拥有本书介绍的能力在一定程度上极大地影响了老年人的整体健康和幸福
  - ■ 健康状况良好的老年人比实际年龄更显年轻,而健康状况不佳的老年人则相反
  - ■ 岁月的馈赠包括:专业技能和爱好变得精通,自信心更强,与爱人、朋友和同事的情谊更深厚
- ● 理论观点
  - ■ 尚无明确理论可解释认知语言随年龄变化的潜在原因
  - ■ 仅凭一种理论无法道明出现这些变化的原因
  - ■ 认知老化理论可能会重叠
  - ■ 抑制缺陷
    - ○ 衰老削弱了抑制过程,老年人相较于年轻人更难抑制无关信息
  - ■ 传输缺陷

○ 会出现认知老化是因为记忆连接变弱，导致目标信息较难被激活
- 认知衰退
  ○ 包括信息处理速度减慢、注意力和工作记忆能力下降
- 资源减少，工作记忆下降
  ○ 老年人拥有的信息处理资源少于年轻人，当需求超过资源时，就会导致不足
- 神经生物学变化
  ○ 正常老年人的认知衰退是由前额皮质功能减退和多巴胺分泌减少造成的

思 考 题

1. 生理年龄蕴含整体健康信息，但为何人们通常说的是实际年龄？
2. 如果知道对方实际年龄，你对"健康"人的定义会改变吗？为什么？
3. 有哪些方法可以加强正常老年人的记忆连接？
4. 本书中列举了人们年老时的一些获益。年老了还有哪些其他获益？请列举你自身生活中的一些例子。

参 考 文 献

Abraham, J. D., & Hansson, R. O. (1995). Successful aging at work: An applied study of selection, optimization, and compensation through impression management. *Journal of Gerontology: Psychological Sciences and Social Sciences, 50B*, 94–103.

Adams, C., Smith, M. C., Pasupathi, M., & Vitolo, L. (2002). Social context effects on story recall in older and younger women: Does the listener make a difference? *Journal of Gerontology: Psychological Sciences, 57B*, 28–40.

Adams, R. G., & Blieszner, R. (1995). Aging well with family and friends. *American Behavioral Scientist, 39*, 209–225.

American Speech-Language-Hearing Association. (2005). *Evidence-based practice in communication disorders* [Position statement]. Retrieved July 14, 2009, from www.asha.org/docs/html/PS2005-00221.html

Anderson, J. A. (1983). A spreading activation theory of memory. *Journal of Verbal Learning and Verbal Behavior, 22*, 261–295.

Anderson, J. D. (2007). Phonological neighborhood and word frequency effects in the stuttered disfluencies of children who stutter. *Journal of Speech, Language, and Hearing Research, 50*, 229–247.

Arnsten, A. F., Cai, J. X., Steere, J. C., & Goldman-Rakic, P. S. (1995). Dopamine D2 receptor mechanisms contribute to age-related cognitive decline: The effects of quinpirole on memory and motor function in monkeys. *Journal of Neurosciences, 15*, 3429–3439.

Baddeley, A. (2003). Working memory: Looking back and looking forward. *Nature Reviews Neuroscience, 4*, 829–839.

Braver, T. S., Barch, D. M., Keys, B. A., Carter, C. S., Cohen, J. D., Kaye, J. A. et al. (2001). Context processing in older adults: Evidence for a theory relating cognitive control to neurobiology in healthy aging. *Journal of Experimental Psychology, 4*, 746–763.

Brown, R., & McNeill, D. (1966). The "tip-of-the-tongue" phenomenon. *Journal of Verbal Learning and Verbal Behavior, 5*, 325–337.

Buckner, R. L., Head, D., & Lustig, C. (2006). Brain changes in aging: A lifespan perspective. In E. Bialystok & F. I. M. Craik (Eds.), *Lifespan cognition: Mechanisms of change* (pp. 27–43). New York: Oxford University Press.

Buckner, R. L., Kelley, W. H., & Petersen, S. E. (1999). Frontal cortex contributes to human memory formation. *Nature Neuroscience, 4*, 311–314.

Burda, A. N. (2007). *Communication changes in healthy aging adults*. Adele Whitenack Davis Research in Gerontology Award, University of Northern Iowa.

Burda, A. N. (2008). *Healthy aging adults' performance on tests of cognition*. Adele Whitenack Davis Research in Gerontology Award, University of Northern Iowa.

Burke, D. M., MacKay, D. G., Worthley, J. S., & Wade, E. (1991). On the tip of the tongue: What causes word finding failures in young and older adults? *Journal of Memory and Language, 30*, 542–579.

Caplan, D., & Waters, G. S. (1999). Verbal working memory and sentence comprehension. *Behavioral and Brain Sciences, 22*, 77–126.

Carlson, M. C., Fried, L. P., Xue, Q. L., Bandeen-Roche, K., Zeger, S. L., & Brandt, J. (1999). Association between executive attention and physical functional performance in community-dwelling older women. *Journal of Gerontology: Social Sciences, 54B*, S262–S270.

Cerella, J. (1985). Information processing rates in the elderly. *Psychological Bulletin, 98*, 67–83.

Cerella, J. (1990). Aging and information processing rate. In J. E. Birren & K. W. Schaie (Eds.), *Handbook of the psychology of aging* (3rd ed.) (pp. 201–221). New York: Academic Press.

Cohn, N. B., Dustman, R. E., & Bradford, D. C. (1984). Age-related decrements in Stroop color test performance. *Journal of Clinical Psychology, 40*, 1244–1250.

Collie, A., Shafiq-Antonacci, R., Maruff, P., Tyler, P., & Currie, J. (1999). Norms and the effects of demographic variables on neuropsychological battery for use in healthy ageing Australian populations. *Australian and New Zealand Journal of Psychiatry, 33*, 568–575.

Connelly, S. L., Hasher, L., & Zacks, R. T. (1991). Age and reading: The impact of distraction. *Psychology and Aging, 6*, 533–541.

Connor, L. T. (2001). Memory in old age: Patterns of decline and perseveration. *Seminars in Speech and Language, 22*, 117–125.

Constantinidou, F., & Baker, S. (2002). Stimulus modality and verbal learning performance in normal aging. *Brain and Language, 82*, 293–311.

Craik, F. I. M. (2000). Age-related changes in human memory. In D. Park & N. Schwarz (Eds.), *Cognitive aging: A primer* (pp. 75–92). Philadelphia: Psychology Press.

Davis, P., & Wright, E. A. (1977). A new method for measuring cranial cavity volume and its application to the assessment of cerebral atrophy at autopsy. *Neuropathology and Applied Neurobiology, 3*, 341–358.

De Beni, R., Palladino, P., Borella, E., & Lo Presti, S. (2003). Reading comprehension and aging: Does an age-related difference necessarily mean impairment? *Aging Clinical and Experimental Research, 15,* 67–76.

Ericsson, K. A., & Kintsch, W. (1995). Long-term working memory. *Psychological Review, 102,* 211–245.

Federmeier, K. D., Van Petten, C., Schwartz, T. J., & Kutas, M. (2003). Sounds, words, sentences: Age-related changes across several levels of processing. *Psychology and Aging, 18,* 858–872.

Fletcher, P. C., & Henson, R. N. A. (2001). Frontal lobes and human memory: Insights from functional neuroimaging. *Brain, 124,* 849–881.

Gana, K., Alaphilippe, D., & Bailly, N. (2004). Positive illusions and mental and physical health in later life. *Aging and Mental Health, 8,* 58–64.

Gollan, T., & Silverberg, N. (2001). Tip-of-the-tongue states in Hebrew-English bilinguals. *Bilingualism: Language and Cognition, 4,* 63–83.

Gordon-Salant, S., & Fitzgibbons, P. J. (1999). Profile of auditory temporal processing in older adults. *Journal of Speech, Language, and Hearing Research, 42,* 300–311.

Grady, C. L., McIntosh, A. R., Horwitz, B., Maisog, J. M., Ungerleider, L. G., Mentis, M. J., et al. (1995). Age-related reductions in human recognition memory due to impaired encoding. *Science, 269,* 218–221.

Hasher, L., & Zacks, R. T. (1988). Working memory, comprehension, and aging: A review and a new view. In G. H. Bower (Ed.), *The psychology of learning and motivation* (vol. 22, pp. 193–225). San Diego, CA: Academic Press.

Haug, H., & Eggers, R. (1991). Morphometry of the human cortex cerebri and corpus striatum during aging. *Neurobiology of Aging, 12,* 336–338.

Humes, L. E. (1996). Speech understanding in the elderly. *Journal of the American Academy of Audiology, 7,* 161–167.

Hutchinson, E. D. (2008). Middle adulthood. In E. Hutchinson (Ed.), *Dimensions of human behavior: The changing life course* (pp. 321–369). Thousand Oaks, CA: Sage Publications.

James, L. E. (2004). Meeting Mr. Farmer versus meeting a farmer: Specific effects of aging on learning proper names. *Psychology and Aging, 19,* 515–522.

James, L. E., & Burke, D. M. (2000). Phonological priming effects on word retrieval and tip-of-the-tongue experiences in young and older adults. *Journal of Experimental Psychology: Learning, Memory, and Cognition, 26,* 1378–1391.

James, L. E., Burke, D. M., Austin, A., & Hulme, E. (1998). Production and perception of "verbosity" in younger and older adults. *Psychological Aging, 13,* 355–367.

Kemper, S. (1986). Imitation of complex syntactic constructions by elderly adults. *Applied Psycholinguistics, 7,* 277–288.

Kemper, S. (2006). Language in adulthood. In E. Bialystok & F. I. M. Craik (Eds.), *Lifespan cognition: Mechanisms of change* (pp. 223–238). New York: Oxford University Press.

Kemper, S., Anagnopoulos, C., Lyons, K., & Heberlein, W. (1994). Speech accommodations to dementia. *Journal of Gerontology: Psychological Sciences, 49,* P223–P230.

Kemper, S., Herman, R. E., & Lian, C. H. (2003). The costs of doing two things at once for young and older adults: Talking while walking, finger tapping, and ignoring speech or noise. *Psychology and Aging, 18,* 181–192.

Kemper, S., Marquis, J., & Thompson, M. (2001). Longitudinal changes in language production: Effects of aging and dementia on grammatical complexity and propositional content. *Psychology and Aging, 16,* 600–614.

Kemper, S., & Sumner, A. (2001). The structure of verbal abilities in young and older adults. *Psychology and Aging, 16,* 312–322.

Li, S.-C., & Lindenberger, U. (1999). Cross-level unification: A computational exploration of the link between deterioration of neurotransmitter systems and dedifferentiation of cognitive abilities in old age. In L.-G. Nilsson & H. J. Markowitsch (Eds.), *Cognitive neuroscience of memory* (pp. 103–146). Toronto, ON: Hogrefe & Huber.

Li, S.-C., Lindenberger, U., & Frensch, P. A. (2000). Unifying cognitive aging: From neuromodulation to representation to cognition. *Neurocomputing, 32–33,* 879–890.

Li, S.-C., Lindenberger, U., & Sikstrom, S. (2001). Aging cognition: From neuromodulation to representation to cognition. *Trends in Cognitive Sciences, 5,* 479–486.

Light, L. L. (1991). Memory and aging: Four hypotheses in search of data. *Annual Review of Psychology, 42,* 333–376.

Little, D. M., Prentice, K. J., Darrow, A. W., & Wingfield, A. (2005). Listening to spoken text: Adult age differences as revealed by self-paced listening. *Experimental Aging Research, 31,* 313–330.

Logan, J. M., Sanders, A. L., Snyder, A. Z., Morris, J. C., & Buckner, R. L. (2002). Underrecruitment and nonselective recruitment: Dissociable neural mechanisms associated with aging. *Neuron, 33,* 827–840.

Logan, J. R., Ward, R., & Spitze, G. (1992). As old as you feel: Age identity in middle and later life. *Social Forces, 71,* 451–467.

MacKay, D. G., & James, L. E. (2001). Is cognitive aging all downhill? Current theory versus reality. *Human Development, 44,* 288–295.

MacKay, D. G., & James, L. E. (2004). Sequencing, speech production, and selective effects of aging on phonological and morphological speech errors. *Psychology and Aging, 19,* 93–107.

MacKinlay, E. (2006). *Spiritual growth and care in the fourth age of life.* Philadelphia: Jessica Kingsley Publishers.

Maylor, E. A. (1997). Proper name retrieval in old age: Converging evidence against disproportionate impairment. *Aging, Neuropsychology, and Cognition, 4,* 211–226.

Meijer, W. A., De Groot, R. H. M., Van Boxtel, M. P. J., Van Gerven, P. W. M., & Jolles, J. (2006). Verbal learning and aging: Combined effects of irrelevant speech, interstimulus interval, and education. *Journal of Gerontology: Psychological Sciences, 61B,* P285–P294.

Mortensen, L., Meyer, A. S., & Humphreys, G. W. (2006). Age-related effects on speech production: A review. *Language and Cognitive Processes, 21,* 238–290.

Moscovitch, M., & Wincour, G. (1995). Frontal lobes, memory, and aging. *Annals of the New York Academy of Sciences, 769,* 119–151.

Munson, B. (2007). Lexical access, lexical representation, and vowel articulation. In J. Cole & J. Hualde (Eds.), *Laboratory phonology 9* (pp. 201–228). New York: Mouton de Gruyter.

Myerson, J., Hale, S., Wagstaff, D., Poon, L. W., & Smith, G. A. (1990). The information loss model: A mathematical theory of age-related cognitive slowing. *Psychological Review, 97,* 475–487.

Nakamura, E., Moritani, T., & Kanetaka, A. (1989). Biological age versus physical fitness age. *European Journal of Applied Physiology and Occupational Physiology, 58,* 778–785.

Nyberg, L., Sandblom, J., Jones, S., Stigsdotter-Neely, A., Magnus-Petersson, K., Ingvar, M. et al. (2003). Neural correlates of train-related memory improvement in adulthood and aging. *Proceedings of the National Academy of Sciences, USA, 100,* 13728–13733.

Parkin, A. J., & Java, R. I. (1999). Deterioration of frontal lobe function in normal aging: Influences of fluid intelligence versus perceptual speed. *Neuropsychology, 13,* 539–545.

Peel, N., Bartlett, H., & McClure, R. (2004). Healthy ageing: How is it defined and measured? *Australasian Journal on Ageing, 23,* 115–119.

Perfect, T. (1997). Memory aging as frontal lobe dysfunction. In M. A. Conway (Ed.), *Cognitive models of memory* (pp. 315–339). Cambridge, MA: MIT Press.

Pichora-Fuller, M. K., Schneider, B. A., & Daneman, M. (1995). How young and old adults listen to and remember speech in noise. *Journal of the Acoustical Society of America, 97*, 593–608.

Rabbitt, P., & Anderson, M. (2006). The lacunae of loss? Aging and the differentiation of cognitive abilities. In E. Bialystok & F. I. M. Craik (Eds.), *Lifespan cognition: Mechanisms of change* (pp. 331–343). New York: Oxford University Press.

Rastle, K. G., & Burke, D. M. (1996). Priming the tip of the tongue: Effects of prior processing on word retrieval in young and older adults. *Journal of Memory and Language, 35*, 586–605.

Reilly, S., Douglas, J., & Oates, J. (2004). *Evidence-based practice in speech pathology*. London: Whurr.

Salat, D. H., Kaye, J. A., & Janowsky, J. S. (1999). Prefrontal gray and white matter volumes in healthy aging and Alzheimer's disease. *Archives of Neurology, 56*, 338–344.

Salthouse, T. A. (1985). *The theory of cognitive aging*. Amsterdam: North-Holland.

Salthouse, T. A. (1988a). Resource-reduction interpretations of cognitive aging. *Developmental Review, 8*, 238–272.

Salthouse, T. A. (1988b). The role of processing resources in cognitive ageing. In M. L. Howe & C. J. Brainerd (Eds.), *Cognitive development in adulthood* (pp. 185–239). New York: Springer-Verlag.

Salthouse, T. A. (1990). Working memory as a processing resource in cognitive aging. *Developmental Review, 10*, 101–124.

Salthouse, T. A. (1996). Constraints on theories of cognitive aging. *Psychology and Aging, 3*, 287–299.

Salthouse, T. A., Kausler, D., & Saults, J. S. (1988). Utilization of path-analytic procedures to investigate the role of processing resources in cognitive aging. *Psychology and Aging, 3*, 158–166.

Salthouse, T. A., & Lichty, W. (1985). Tests of the neural noise hypothesis of age-related cognitive change. *Journal of Gerontology, 40*, 443–450.

Schmitt, J. F. (1983). The effects of time compression and time expansion on passage comprehension by elderly listeners. *Journal of Speech and Hearing Research, 26*, 373–377.

Schneider, B. A., Daneman, M., Murphy, D. R., & Kwong-See, S. (2000). Listening to discourse in distracting settings: The effects of aging. *Psychology and Aging, 15*, 110–125.

Schwartz, B. L. (2002). *Tip-of-the-tongue states: Phenomenology, mechanism, and lexical retrieval*. Mahwah, NJ: Lawrence Erlbaum Associates.

Shadden, B. B., & Toner, M. A. (1997). Introduction: The continuum of life functions. In B. B. Shadden & M. A. Toner (Eds.), *Aging and communication: For clinicians by clinicians* (pp. 3–17). Austin, TX: Pro-Ed.

Shankle, R. S., & Amen, D. G. (2005). *Preventing Alzheimer's: Ways to prevent, detect, diagnose, treat, and even halt Alzheimer's disease and other causes of memory loss*. New York: Penguin.

Skirbekk, V. (2003). *Age and individual productivity: A literature survey*. MPIDR, Working Paper No. 2003–028.

Sommers, M. S. (1996). The structural organization of the mental lexicon and its contributions to age-related declines in spoken and word recognition. *Psychology and Aging, 11*, 333–341.

Sommers, M. S., & Danielson, S. M. (1999). Inhibitory processes and spoken word recognition in young and older adults: The interaction of lexical competition and semantic context. *Psychology and Aging, 14*, 458–472.

Spieler, D. H., & Balota, D. A. (2000). Factors influencing word naming in younger and older adults. *Psychology and Aging, 15*, 253–258.

Stephens, N. (1991). Cognitive aging: A useful concept for advertising? *Journal of Advertising, 20*, 37–48.

Stine, E. A. L., & Wingfield, A. (1987). Process and strategy in memory for speech among younger and older adults. *Psychology and Aging, 2*, 272–279.

Stine-Morrow, E. A. L., Gagne, D., Morrow, D. G., & DeWall, B. (2004). Age differences in rereading. *Memory and Cognition, 32*, 696–710.

Stine-Morrow, E. A. L., Loveless, M. K., & Soederberg, L. M. (1996). Resource allocation in on-line reading by younger and older adults. *Psychology and Aging, 11*, 475–486.

Stine-Morrow, E. A. L., Miller, L. M. S., & Leno, I. R. (2001). Aging and resource allocation to narrative text. *Aging, Neuropsychology, and Cognition, 8*, 36–53.

Suhara, T., Fukuda, H., Inoue, O., Itoh, T., Suzuki, K., Yamasaki, T. et al. (1991). Age-related changes in human D1 dopamine receptors measured by positron emission tomography. *Psychopharmacology, 103*, 41–45.

Thornton, R., & Light, L. L. (2006). Language comprehension and production in normal aging. In J. E. Birren & K. W. Schaie (Eds.), *Handbook of the psychology of aging* (6th ed., pp. 261–287). San Diego, CA: Elsevier.

Tun, P. A., O'Kane, G., & Wingfield, A. (2002). Distraction by competing speech in young and older adult listeners. *Psychology and Aging, 17*, 453–467.

van Rooij, J. C. G. M., & Plomp, M. (1990). Auditive and cognitive factors in speech perception in elderly listeners. II: Multivariate analyses. *Journal of the Acoustical Society of America, 88*, 2611–2624.

Vitevitch, M. S., & Sommers, M. S. (2003). The facilitative influence of phonological similarity and neighborhood frequency in speech production in younger and older adults. *Memory and Cognition, 31*, 491–504.

Waters, G. S., & Caplan, D. (1996). The capacity theory of sentence comprehension. Critique of Just and Carpenter (1992). *Psychological Review, 103*, 761–772.

Waters, G. S., & Caplan, D. (2001). Age, working memory and on-line syntactic processing in sentence comprehension. *Psychology and Aging, 16*, 128–144.

Waters, G. S., & Caplan, D. (2005). The relationship between age, processing speed, working memory capacity, and language comprehension. *Memory, 13*, 403–413.

West, R. L. (1996). An application of prefrontal cortex function theory to cognitive aging. *Psychological Bulletin, 120*, 272–292.

White, K. K., & Abrams, L. (1999, November). *The role of syllable phonology and aging in priming tip-of-the-tongue resolution.* Poster session presented at annual meeting of the Psychonomic Society, Los Angeles, CA.

Whiting, W. L., Madden, D. J., Langley, L. K., Denny, L. L., Turkington, T. G., Provenzale, J. M. et al. (2003). Lexical and sublexical components of age-related changes in neural activation during visual word identification. *Journal of Cognitive Neuroscience, 15*, 475–487.

Wingfield, A., & Ducharme, J. L. (1999). Effects of age and passage difficulty on listening-rate preferences for time-altered speech. *Journal of Gerontology: Psychological Sciences and Social Sciences, 54B*, 199–202.

Wingfield, A., Lahar, C. J., & Stine, E. L. (1989). Age and decision strategies in running memory for speech: Effects of prosody and linguistic structure. *Journal of Gerontology: Psychological Sciences, 44*, P106–P113.

Wingfield, A., Tun, P. A., & Rosen, M. J. (1995). Age differences in vertical and reconstructive recall of syntactically and randomly segmented speech. *Journal of Gerontology:*

Psychological Sciences, 50B, P257—P266.

Worrall, L. E., & Hickson, L. M., (2003). *Communication disability in aging: From prevention to intervention.* Clifton Park, NY: Thomson Delmar Learning.

Zacks, R. T., & Hasher, L. (1988). Capacity theory and the processing of inferences. In L. L. Light & D. M. Burke (Eds.), *Language, memory, and aging* (pp. 154—170). Cambridge: Cambridge University Press.

Zacks, R. T., & Hasher, L. (1997). Cognitive gerontology and attentional inhibition: A reply to Burke and McDowd. *Journal of Gerontology: Psychological Sciences,* 52B, 274—283.

第二章
认　知

Angela N. Burda 博士，认证言语治疗师

"认知"一词表达了许多方面的能力。足够的认知能力让我们能够胜任日常生活，无需"思索"就能进行一些自主行为，如刷牙或穿衣（Rogers，2000）。这样，我们就可以将精力放在准备工作报告、在恶劣天气下驾驶等特定的任务上（Rogers，2000）。良好的认知还能让我们在嘈杂的背景下注意他人在说什么，为新的一天制订计划，记得去杂货店为当天的晚餐采买食材，并在想要的食材缺货时制订备选的晚餐计划。

认知能力分为以下几大类：注意力、记忆力、执行功能和解决问题的能力。注意力让我们能专注于某些需要处理的信息，而忽略不相关的信息（Enns & Trick，2006）。记忆力让我们能保留、回忆和处理信息（Duckworth，Iezzi & O'Donohue，2008；Park & Payer，2006）。执行功能由行为计划、组织、发起和停止等能力组成（Posner，2008）。解决问题的能力让我们能为既定的情景制订解决方案（Kennedy & Coelho，2005）。这些不同的技能可能会重叠，它们也是语言能力的基础。举个例子，如果我们密切关注并记住发言人在研讨会上所说的话，我们便能更好地提问。关于认知的增龄性变化，值得牢记的理论观点还有很多（参见第一章理论观点）。

本章将讨论老年人通常应该有怎样的认知能力，哪些因素会对老年人的认知能力产生负面影响，出现哪些迹象时需要转诊给言语治疗师或其他医学专家，以及可以借助哪些策略来培养老年人的认知能力。本章末尾的"要点速览"对一些重要知识点进行了总结归纳。

老年人的正常认知能力

言语治疗师经常评估患者的认知能力。虽然有些测试会评估人们的组织、瞬时记忆和一般信息回忆等细分领域,但通常情况下都是将认知能力分为几大类(如注意力和记忆力等)进行评估(Bayles & Tomoeda,1993;Helm-Estabrooks,2001;Ross-Swain & Fogle,1996)。在进行认知能力测试时,可以按等级循序渐进,先让患者从回答简短的问题开始,逐渐过渡到回答较长、较复杂的问题(Ross-Swain,1996)。市面上的一些成人认知量表的内容有:复述长度不断增加的数字或单词,进行视觉搜索,完成符号消除,以及即时故事复述和延迟故事复述,等等。另外,还有一些项目评估人们对定向问题的反应能力,为问题情景提供解决方案的能力,在一分钟内尽可能多地说出给定类别同类事物的能力,以及回答与长期记忆相关的开放式问题的能力。诸如此类的问题有:美国国会大厦在哪里? 美国第一任总统是谁? (Bayles & Tomoeda,1993;Helm-Estabrooks,2001;Ross-Swain,1996)。

尽管人们对神经功能完好的老年人的认知能力进行了大量的研究,但研究中未必对言语治疗师所采用的量表的临床测试(如前所述)进行评价。并非所有的认知量表都将老年人纳入了标准化流程;常模样本中含有老年人的量表也不一定在评估手册中记录年龄特异性表现(Helm-Estabrooks,2001)。但是,一些特例和量表手册中的信息,加上文献中的经验数据,可以提供关于神经功能完好的老年人所拥有的正常认知能力的一般指导。

一些研究人员在制定亚利桑那州痴呆症交流障碍检查法(Bayles & Tomoeda,1993)时,选取了神经功能完好、平均年龄 70.44 岁的老年人作为独立的对照组。认知测试项目包括:"精神状态""衍生性命名—语义类""即时故事复述""延迟故事复述"和"词汇学习"。"精神状态"测试会询问一些定向问题和履历问题,例如"我们在哪个城市?""美国独立日是在哪个月?"等,总共 13 道题,常模样本中的老年人平均答对 12.8 题(标准差=0.6),正确率 98%,近似于年轻人对照组的平均成绩(平均分=12.9,标准差=0.3)。虽然 ABCD 的"衍生性命名—语义类"测试也被视作言语表达测试,但认知成套测验中也常常包含归类测试部分。"衍生性命名—语义类"测试要求受试者在一分钟内说出尽可能多的同类事物(交通方式)。常模样本中的老年人在一分钟内平均说出 11.4 个同类事物,而年轻人平均说出 13.4 个。

在亚利桑那州痴呆症交流障碍检查法的"故事复述"测试部分，患者需要在听完故事后立即复述（即时故事复述），并且过一段时间后再进行复述（延时故事复述）。即时复述在"故事复述"测试的开头进行；延迟复述则是整个测试的最后一项任务。这两个测试之间间隔着 15 个测试项目。患者完成即时故事复述时会收到"请牢记故事内容"的提示，因为过后还需要复述。故事如下：一位女士在购物时丢了钱包，但她不知道。后来，她接到了捡到钱包的小女孩打来的电话。按患者说出的正确信息单位（例如，"女士""她的钱包"）计算得分。

在即时故事复述中，共有约 17 个信息单位，常模样本中的老年人平均说出了 14 个信息单位（标准差＝2.8），正确率为 82%。年轻人说出了近 15 个信息单位（正确率为 88%）。在延时故事复述中，老年人平均说出了 12.4 个信息单位（标准差＝4.5），正确率为 73%。在即时故事复述中，神经功能完好的年轻人和老年人的得分并没有显著差异，但在延时故事复述中，这两个年龄组的表现差异很大。在该测试部分，老年人说出了约 12 个信息单位，而年轻人则说出了约 15 个信息单位（Bayles & Tomoeda，1993）。

"词汇学习"测试部分对以下三个方面分别进行评分："词汇学习—自由回忆""词汇学习—全面回忆""词汇学习—单词识别"。受试者将看到数张卡片，每张卡片上均有 4 个单词，如"翡翠"（emerald）、"头"（head）、"喇叭"（trumpet）、"鲨鱼"（shark）。言语治疗师将对每个单词进行简短描述，如"宝石""鱼"等，患者需找出与该描述相匹配的单词。在"自由回忆"部分，患者需在所有 16 个词语（即 4 页，每页 4 个单词）展示完毕后从 1 数到 20，然后在两分钟内回忆尽可能多的词语。在"提示回忆"部分，言语治疗师将说明患者未说出的物品所属的类别（如"宝石"），以给予提示。"自由回忆"和"提示回忆"的得分相加即为"全面回忆"部分的得分。在"单词识别"部分，言语治疗师将向患者展示 48 张卡片，每张卡片上分别印有一个单词，然后请他们说明相关词语是否在之前展示的卡片上出现过，以此计算得分。在"词汇学习—自由回忆"部分，总共约 16 道题，老年人平均答对 7.6 题（标准差＝2.5），正确率为 48%，而年轻人平均答对 10.4 题（标准差＝2.1），正确率为 65%。在"词汇学习—全面回忆"方面，总共约 16 道题，老年人平均答对 15.1 题（标准差＝1.2），正确率 94%，与年轻人的平均表现差异不大，后者答对 15.7 题（标准差＝0.6）。在"词汇学习—单词识别"部分，老年人平均识别出 48 张卡片中的 46.6 张（标准差＝2.5），正确率为 97%，与年轻人的平均表现（47.8 张）相当接近（标准差＝0.6）（Bayles & Tomoeda，1993）。

《Ross 信息处理评估(老年人版)》(简称"RIPA-G"; Ross-Swain & Fogle, 1996)专门用于检查老年人的认知能力。该测试选取了 50 名 65～94 岁神经功能完好的老年人(平均年龄＝79 岁)作为对照组。测试项目包括瞬时记忆和近期记忆、定向力(如空间定向力、环境定向力)、一般信息回忆、问题解决、思维组织以及抽象和具体推理等。每个测试项目总分为 30 分。在"瞬时记忆"部分,老年人平均分为 27.6 分,准确率为 92%。该部分试题有回忆数字(如:9-3-7-5-8)和按指令做出相应动作(如"闭眼""举手"等)。在"近期记忆"部分,老年人信息回忆(如:说出当天早上做的第一件事,或前一天大部分时间在哪里)的平均分为 28.6 分,准确率为 95%。在"组织能力"部分,受试者需在一分钟内列举尽可能多的同类事物(如食物),并说出某些事物(如狗、猫和马等)的类别。老年人在该部分的平均分为 28.1 分(正确率 94%),其余 7 个测试项目的平均分达到了最低准确率要求,为 29 分(准确率 97%)以上。"Ross 信息处理评估(第二版)"(简称"RIPA-2")是 Ross-Swain(1996)制定的另一项认知评估测试,该量表手册中没有健康老年人的常模数据。

此外,人们还对老年人的认知能力进行了研究。最近,Burda(2008)力求通过研究,提供健康老年人在言语治疗师常用之认知测试中表现的更多数据。她将 30 名 65 岁及以上的老年人分成了 3 个年龄组:初老组(65～74 岁;平均年龄＝72.2 岁,标准差＝1.6)、老年组(75～84 岁;平均年龄＝79.1 岁,标准差＝2.8)和耄耋组(85 岁及以上;平均年龄＝87.9 岁,标准差＝3.1)。每个年龄组各有 10 名受试者。所有受试者都完成了三项认知测试:"Ross 信息处理评估(老年人版)"(Ross-Swain & Fogle, 1996)、"Ross 信息处理评估(第二版)"(Ross-Swain, 1996)和"认知语言快速测试"(简称"CLQT"; Helm-Estabrooks, 2001)。在一些单因素方差分析(ANOVA)中,Burda 采用了邦费罗尼校正法进行多重比较,分析结果描述见下文。请注意,30 分是"Ross 信息处理评估(老年人版)"和"Ross 信息处理评估(第二版)"所有测试项目的最高原始分。

在"Ross 信息处理评估(老年人版)"中,除第 4 个测试项目是初老组得分最低(见表 2-1)之外,耄耋组的平均分多数情况下都是最低的(Ross-Swain & Fogle, 1996)。老年组的平均分通常最高。总的来说,所有年龄组的平均分都很高,这与 Ross-Swain(1996)在"Ross 信息处理评估(老年人版)"测验手册中陈述的情况相一致。第 8 个测试项目出现了有统计学意义的表现差异,$F(2, 27) = 4.14, p \leqslant 0.03$。

表 2－1　"Ross 信息处理评估(老年人版)"平均表现

测 试 项 目	初 老 组		老 年 组		耄 耋 组	
	平均分	标准差	平均分	标准差	平均分	标准差
1.瞬时记忆	27.11	2.74	28.20	1.99	26.30	3.40
2.近期记忆	29.56	0.84	29.60	0.84	28.70	1.25
3.时空定向	29.78	0.48	30.00	0.00	29.00	1.25
4.空间定向	29.78	0.63	30.00	0.00	29.90	0.32
5.环境定向	30.00	0.00	30.00	0.00	30.00	0.00
6.一般信息回忆	28.89	1.63	29.50	1.08	28.5	2.51
7.问题解决与抽象推理	30.00	0.00	29.90	0.32	29.80	0.63
8.信息组织	29.44	0.84	29.5	0.71	28.10	1.79
9.听觉处理与理解	29.56	1.49	30.00	0.00	29.20	1.48
10.问题解决与具体推理	29.78	1.08	29.80	0.63	29.40	0.97
11.常见物体命名	30.00	0.00	30.00	0.00	29.80	0.63
12.功能性朗读	30.00	0.00	30.00	0.00	30.00	0.00

资料来源：Burda(2008)。

表 2－2　"Ross 信息处理评估(第二版)"平均表现

测 试 项 目	初 老 组		老 年 组		耄 耋 组	
	平均分	标准差	平均分	标准差	平均分	标准差
1.瞬时回忆	26.40	3.57	23.90	3.73	20.60	2.67
2.近期回忆—暂时性	29.50	1.08	29.60	0.70	27.70	1.49
3.定向(近期回忆)	29.80	0.42	30.00	0.00	28.30	2.75
4.时空定向(久远记忆)	29.30	1.06	29.10	1.29	28.70	1.49
5.空间定向	30.00	0.00	30.00	0.00	29.80	0.63
6.环境定向	29.90	0.32	29.90	0.32	29.60	1.26
7.一般信息回忆	28.30	2.21	28.40	1.96	26.60	4.03
8.问题解决与抽象推理	29.80	0.63	30.00	0.00	28.80	2.82
9.语言组织	27.40	1.78	28.30	1.25	25.00	2.62
10.听觉处理与保留	29.50	1.08	29.90	0.32	28.30	1.64

资料来源：Burda(2008)。

从表 2-2 中可以看出,在"Ross 信息处理评估(第二版)"中,除了第一个测试项目所有年龄组的总平均分都很高之外,耄耋组的平均分一直最低(Ross-Swain,1996)。以下一些测试项目出现了有统计学意义的表现差异:第 2 项,$F(2,27)=7.72$,$p \leqslant 0.002$;第 3 项,$F(2,27)=5.23$,$p \leqslant 0.01$;第 6 项,$F(2,27)=3.74$,$p \leqslant 0.05$;第 9 项,$F(2,27)=5.61$,$p \leqslant 0.05$;以及第 10 项,$F(2,27)=4.37$,$p \leqslant 0.05$。

所有年龄组在"个人资料"与"对证命名"测试项目中均获得高分(见表 2-3)。在"认知语言快速测试"(Helm-Estabrooks,2001)的其余测试项目中,耄耋组平均分最低。以下测试项目中出现了有统计意义的表现差异:"画钟",$F(2,27)=9.01$,$p \leqslant 0.001$;"符号轨迹",$F(2,27)=5.93$,$p \leqslant 0.007$;"衍生性命名",$F(2,27)=6.41$,$p \leqslant 0.005$。

表 2-3　"认知语言快速测试"中测试项目平均表现

测试项目	最高分	初老组		老年组		耄耋组	
		平均分	标准差	平均分	标准差	平均分	标准差
个人资料	8	8.00	0.00	8.00	0.00	8.00	0.00
符号消除	12	10.70	3.77	11.9	0.31	9.60	3.56
对证命名	10	10.00	0.00	10.00	0.00	10.00	0.00
画钟	13	12.10	1.10	12.90	0.31	10.80	1.54
故事复述	10	7.50	2.06	7.60	1.83	5.70	2.49
符号消除	10	10.00	0.00	9.00	2.16	7.20	2.34
衍生性命名	8	6.55	1.17	6.40	0.69	4.90	1.37
图案记忆	6	4.90	1.19	5.30	0.82	4.50	1.17
走迷宫	8	6.35	2.56	6.70	1.58	5.25	2.39
图案制作	8	6.00	1.69	5.90	1.28	5.10	2.02

资料来源:Burda(2008)。

言语治疗师在进行认知领域评分时也会参考"认知语言快速测试"中各个测试项目的得分。与其在"认知语言快速测试"的测试项目上的表现一样,耄耋组在认知领域的平均表现仍然最低(见表 2-4)。事实上,该年龄组在注意力、记忆力和语言等领域的得分并不在正常范围内。所有年龄组在以下认知领域存在统计学意义上的差异:执行功能,$F(2,27)=6.93$,$p \leqslant 0.004$;语言,$F(2,27)=3.59$,$p \leqslant 0.04$;视觉空间能力,$F(2,27)=3.87$,$p \leqslant 0.03$。

表 2-4 "认知语言快速测试"中认知方面平均表现

认知方面	正常范围	初老		老年		耄耋	
		平均分	标准差	平均分	标准差	平均分	标准差
注意力	175～215	182.50	47.43	192.60	14.56	154.50	35.25
记忆力	158～185	156.50	21.99	161.00	13.92	140.10	25.06
执行功能	18～40	30.85	7.00	28.30	3.72	22.45	4.18
语言	30～37	32.00	3.00	34.10	6.64	28.60	3.37
视觉空间能力	72～105	86.50	17.00	87.00	10.57	72.45	11.32

资料来源：Burda(2008)。

尽管该研究样本量很小，但所有年龄组在"Ross 信息处理评估（老年人版）"（Ross-Swain & Fogle，1996）和"Ross 信息处理评估（第二版）"（Ross-Swain，1996)测试中均得分很高。与"Ross 信息处理评估（老年人版）"和"Ross 信息处理评估(第二版)"的测试结果相比,受试者在"认知语言快速测试"（Helm-Estabrooks，2001)中的表现更难解读。与前两项测试一样,大体上,耄耋组在"认知语言快速测试"中的得分仍然最低。"认知语言快速测试"认知领域的一些得分甚至低于正常范围。尽管如此,所有受试者都很健康,且能独立生活。因此,我们应该谨慎看待这些分数,同时需要用更大的样本量进行更多的研究。

其他还有一些针对衰老和认知的研究。注意力和记忆力领域的研究经常具体到该等能力中的某种特定能力（例如,选择性注意力、情节记忆）。选择性注意力是指专注于重要信息而忽略无关信息的能力（Kramer & Kray,2006）,测试方式通常是让受试者在字母表中视觉搜索特定的目标字母。知道目标在哪,但存在一些让人分心的状况,这就需要用到集中性注意力（Rogers,2000）。在拥挤的电影院看电影就是很好的写照。银幕位置始终不变,这时必须过滤掉他人说话和寻找座位等干扰。集中性注意力要求高度专注,包括在复杂的场景中进行搜索。举个例子,看电影中途去买爆米花,回来后必须要在其他观影者之中细看,以寻找自己的座位（Rogers,2000）。持续性注意力是指在一段较长的时间内积极处理信息的能力。这方面的实例有：流水线工人寻找瑕疵品,父母留神听婴儿是否在啼哭,等等（Rogers,2000）。分配性注意力是指同时完成多项任务的能力。例如,开车需注意按车道行驶并当心其他车辆或行人（Kramer & Kray,2006）。

老年人在需要选择性注意力的视觉搜索上比年轻人迟缓,特别是当他们必须注意目标的一个以上特征（例如，在一片绿色的"X"和红色的"O"之中寻找红色的"X"；Plude & Doussard-Roosevelt，1989）、干扰字母与目标相似（例如，"O"和"Q"较对于"O"和"T"更易混淆）或他们不知道目标所处位置时，更是如此（Rogers，2000）。即使进行大量的练习，也无法帮助他们提高搜索速度（Fisk 及 Rogers，1991；Salthouse，2000）。但是，只要目标容易辨认，集中性注意力所受影响就不大（Riddle，2007；Rogers，2000）。如果目标不容易辨认，其位置未知，或者搜索时需要注意几个特征，老年人就更难集中注意力（Rogers，2000）。持续性注意力会随年龄的增长而发生怎样的变化，这一点尚不明确。虽然一些研究人员没有发现年龄对持续性注意力任务有任何影响（Berardi，Parasuraman & Haxby，2001），但另一些研究人员报告称，老年人在完成一些需要发现细微变化的任务（如：区分边长为 17 毫米和 20 毫米的正方形）时存在较大障碍（Giambra，1993）。

研究者往往通过让受试者同时完成两项任务来研究其分配性注意力。比如，他们会让受试者看单词表，判断其中的某个字母组合是不是一个单词，并在听到随机播放的声音时按键盘上的键（Simpson，Kellas & Ferraro，1999）。尽管老年人在简单的分配性注意力测试（如：边走路边背诵字母表）上和年轻人一样拥有出色表现，但是当进行一些复杂活动（如：边走路边交替背诵字母表中的字母）时，他们的表现就不如年轻人了（Verghese，Buschke，Viola，Hall，Kuslansky & Lipton，2002）。老年人在处理外部刺激、协调和给予所需回应时反应较慢，有时甚至比年轻人延迟 53% 的时间（Kramer，Humphrey，Larish，Logan & Strayer，1994；Simpson et al.，1999 年）。如果老年人说话的同时需要走路、敲击手指或忽略背景噪声，其话速也会变慢，且话语流利度和复杂性会下降（Kemper，Herman & Lian，2003）。

与注意力相似，记忆力也可以进行具体地细分（Baddeley，2003；Craik，2000）。程序记忆是指对运动、认知和学习技能的识记和保持，这些技能具有明显的无意识性，例如开车、布置桌子、数数和拼写（Craik，2000）。工作记忆是对信息进行处理、存储和转换（Baddeley，2003）的一种记忆系统。离开餐厅时在心里计算要给的小费就会用到这种能力。短期记忆储存人们暂时需要的少量信息，容量有限，只能储存 7 个念头；如果人们的注意力发生了转移，那么最初储存在短期记忆中的信息可能在几秒钟内就不能复用（Brown，1958；Miller，1956；Peterson & Peterson，1959）。最近，还有一些人认为，短期记忆的容量甚至更少,只能储存 3~5 个念头(Cowan,2001;2008)。情节记忆是指回忆自身最近经历的特定事件的能力,如刚刚过去的假期(Zacks & Hasher,2006)。前瞻记忆是指对将来执行的事件的记忆;语义记忆是指对所掌握的一般性或事实性知识(Craik,2000;Duckworth et al.,2008)的记忆。因为拥有语义记忆,我们知道了狗是一种动物,但它不同于猫;街道不同于州际公路;等等。久远记忆,又被部分人称为"长期记忆",是指对个人童年或年轻时期发生的事件的记忆(Craik,2000),如开的第一辆车,参加州高中足球锦标赛,邂逅另一半,等等。人们认为久远记忆的容量极其巨大(Cowan,2001;Ericsson & Kintsch,1995)。

尽管老年人的记忆能力确实表现出一定程度的下降,但这通常取决于他们所接受的具体记忆测试;有些记忆能力会显著下降,有些则不会(Craik,2000)。健康老年人的程序记忆力似乎完好无损(Craik,2000)。这不足为奇,因为人们并不会因年龄的增长而忘记如何开车和数数。如果有不少信息需要处理,老年人的工作记忆会显现出显著下降(Craik,2000;Connor,2001)。举个例子,老年人可以准确地背诵一个电话号码,或者将表格某处的少量信息抄到另一处(Craik,2000);但老年人可能很难处理很长或复杂的资料,比如,参加电话调查对他们来说就很难,因为他们必须动用工作记忆,以记住一些回答内容(Craik,2000)。一些研究人员报告称,老年人工作记忆容量的减少可导致其语言的语法复杂性降低(Kemper & Sumner,2001)。

老年人的短期记忆和情节记忆均会下降(Ericsson & Kintsch,1995;Naveh-Benjamin,Hussain,Guez & Bar-On,2003)。我们很难梳理出这两种记忆之间的区别,因为很多与之相关的研究都采用了类似的测试项目,而且这两种记忆的一些术语在某种程度上可以通用。研究人员经常以即时或延迟的方式让老年人对单词、句子、叙事性故事、解说性散文(如报纸文章)和图片进行自由回忆,以测试其情节记忆。研究报告称,老年人在这方面的表现比年轻人和中年人差(Craik,2000;Dobbs & Rule,1989;Hultsch & Dixon,1984;Kemper,1987)。与年轻人和中年人相比,老年人往往在数字背诵上也表现较差(Jenkins,Myerson,Hale & Fry,1999)。有人最近进行了一项研究,让不同年龄组的成年人接受"Rey 听觉语言学习测试"(Rey,1964),回忆在 5 次连续试验中听到的15 个名词(Davis,Small,Stern,Mayeux,Feldstein & Keller,2003)。76~90 岁的人共回忆起 11 个单词,且多用了 20 分钟,61~75 岁的人回忆起 12 个单词,年轻人和中年人回忆起 14 个单词。老年人通常难以记住具体的事情,难以记住他们在何时何地经历了某件事情或了解了某种信息,也难以联想到为何某人很面熟(Craik,2000)。他们不仅很难回忆起刚了解到的信息,还会更快地遗忘这些信息(Davis et al.,2003)。老年人找词困难的现象更加严重(Craik,2000;Wierenga et al.,2006);虽然他们能回忆起别人的履历信息、特质或形象,但回忆别人的名字对他们来说却是件特别困难的事(Cohen & Faulkner,1986;James,2006)。

老年人的前瞻记忆保持良好,可能是因为他们有相应的对策,如做笔记或设置提醒等(Chasteen,Park & Schwartz,2009)。从语义记忆上也几乎看不到随年龄增长而衰退的迹象(Hedden & Gabrieli,2004;Light,1992;Light & Burke,1988;Salthouse,1982)。老年人的再认记忆和词义知识未受任何年龄影响(Craik & Jennings,1992;Davis et al.,2003;Salthouse,1991;Zacks,Hasher & Li,1999)。在久远记忆方面,老年人能轻松地记起自己童年或年轻时的一些亲身经历,这与其在记忆近期事情时的困难形成了鲜明的对比(Craik,2000)。这种久远记忆或许在数年内被多次激活,因此往往不会出现显著衰退(Craik,2000)。储存在长期记忆中的技能活动(如医学专家或高水平棋手的专业表现)也不会随着时间的推移而出现显著变化(Ericsson & Kintsch,1995)。

组织、发起和执行都需要用到执行功能(Carlson,Fried,Xue,Bandeen-Roche,Zeger & Brandt,1999)。即使像开门这样比较简单的任务也有几个步骤:拿起钥匙,插入锁孔,转动钥匙直到门被打开(Carlson et al.,1999)。研究人员发现,老年人在执行功能相关神经心理学测试中表现不佳(Crawford & Channon,2002)。相比之下,他们在现实生活中的推理能力却得到了保持(Phillips & Della Salla,1998)。遗憾的是,很多医疗人员选用的评估方法并不一定能反映执行功能的增龄性变化会给日常活动(如做饭或打电话)带来怎样的影响(Carlson et al.,1999)。

一些研究者把解决问题的能力归入执行功能能力的范畴,而另一些研究者则将其作为一个单独的话题来探讨。无论如何,为了顺利地解决问题,人们不仅需要考虑实际情况,还要考虑相关人员和他们的观点、不同解决方案的实用性,以及这些解决方案的潜在后果(Crawford & Channon,2002)。老年人解决问题的能力相当富有成效。尽管他们想出的解决方法可能少于年轻人,但他们的解决方法往往比较复杂、灵活和优质(Blanchard-Fields,Mienaltowski & Baldi Seay,2007;Crawford & Channon,2002)。在解决日常生活问题时,老年人往往会未雨绸缪。比如，如果附近发生一连串入室盗窃事件，他们会采取预防措施以确保自身安全（Blanchard-Fields, Chen & Norris, 1997; Blanchard-Fields, Jahnke & Camp, 1995; Cornelius & Capsi, 1987）。另一方面，他们会选用各种调节消极情绪的方法来处理人际关系问题。比如，如果他们很需要陪伴，但朋友却不来看望，他们会努力去弄清楚原因（Cornelius & Capsi, 1987）。老年人有各种解决问题的方法，可能是因为他们的人生中有过许多磨炼这种能力的机会（Blanchard-Fields et al., 2007）。

　　总之，认知测试和调研活动的数据显示，老年人可以准确回答定向力问题和自身经历的问题。如果听完一个短篇故事后立即开始回忆，他们应该会记得很多内容，但不一定能记住全部。如果延迟一会儿再回忆，老年人应该仍然记得大部分故事内容，但可能不会像他们在即时回忆中那样记得那么多细节。在自由回忆中，他们应该能够记起所识记的书面单词中的一半，如果给予类别（例如"宝石"）提示，他们将会记起几乎所有的单词。老年人在再认测试中表现出色。他们可以在一分钟内说出给定类别的 11 个同类事物，并根据给定的同类事物说出其所属类别。老年人的视觉搜索比年轻人迟缓，特别是当他们必须注意目标的一个以上特征、干扰字母与目标相似或不知道目标所处位置时，更是如此。如果目标容易被发现，他们应该能准确地完成需要集中注意力和持续注意力的任务。在"一心二用"（即同时完成两项任务）时，他们通常进行得很慢，并且在处理刺激、协调和做出反应方面存在困难。老年人能胜任简单的分配性注意力任务，但较为复杂的任务对他们来说是有一些挑战性的。

　　文献还表明，老年人的程序记忆、前瞻记忆、语义记忆和久远记忆似乎始终都完好无损；但是工作记忆显现出了与年龄相关的显著衰退，除非需要处理的信息量很小。与年轻人和中年人相比，老年人在单词、句子、叙事性故事、解说性散文和图片的即时和延迟回忆方面有更大的困难，并且他们可以相当快地忘记新了解到的信息。找词困难现象，尤其是想不出别人名字的现象，会随着年龄的增长而加剧。在神经心理学测试中，老年人的执行功能表现不佳，但保留了现实生活中所需的推理能力。最后要说的是，老年人是有效的问题解决者，在解决日常生活问题时，他们往往会未雨绸缪；他们会采用各种调节消极情绪的方法来处理人际关系问题。神经功能完好者的能力可能远超本文所述之范围，需要进一步的研究来更完善地予以记录。

影响老年人认知的因素及问题迹象

有一些因素会对老年人的认知能力产生负面影响。某一认知领域的缺陷会对其他认知能力产生负面影响,这一点也不奇怪。如果老年人感到压力大、疲劳、不舒服、抑郁、对某一状况或对自己的表现感到焦虑,或在服药期,那么他们的注意力和记忆力可能会受到不利影响(Cohen & Faulkner,1986;McDougall,Montgomery,Eddy,Jackson,Nelson & Stark,2003;Rogers,2000;Yaffe,Blackwell,Gore,Sands,Reus & Browner,1999)。当老年人需要大量的认知资源(如视觉搜索任务很复杂或指导说明很长时),面临一定的时间限制,接触不熟悉的信息,或者在噪声环境中听取信息时,通常会很难完成注意力和记忆力任务(Craik,2000;Crawford & Channon,2002;Kemper et al.,2003;Rogers,2000)。虽然视觉和听觉状态的改变会导致认知测试的表现下降(Craik,2000;Lindenberger & Baltes,1994),但人们并不是很清楚感官(如视觉、听觉、触觉、嗅觉)的增龄性变化对认知有着怎样的影响(Schneider & Pichora-Fuller,1999)。

从一些迹象中可以看出老年人存在认知障碍,应将其转诊给言语治疗师或其他医疗专家。当老年人公开抱怨无法集中注意力或记不住事情时,需要将其转诊给相关医生。自我描述的认知问题可能是阿尔茨海默病的最早征兆之一(Crooks,Petitti,Brody & Yep,2005;Jonker,Geerlings & Schmand,2000)。难以忽视背景噪声的老年人可能注意力和记忆力受损(Kemper et al.,2003),也可能出现听力衰退,或者两者兼而有之。在这种情况下,老年人应该去医生、听觉矫治专家和言语治疗师处就诊。如果老年人在日常活动中感到吃力,应立即就医。阿尔茨海默病早期阶段的患者可能不会发现这些问题,部分原因是他们在进行自己谙熟于心的日常活动时往往不会感到有任何困难,因此会将问题轻描淡写地带过(Carlson et al.,1999)。如果老年人似乎在回避某些活动,他们可能出现了认知衰退,或者对自己的认知能力缺乏信心(West,Welch & Yassuda,2000)。

有记忆力变化或下降迹象的老年人可能处于较严重认知障碍(如阿尔茨海默病)的早期阶段(Collie et al.,2001)。对或许罹患阿尔茨海默病的患者的回顾性研究表明,这些患者早在诊断前 20 年就发现存在细微的情节记忆障碍(Elias,

Beiser，Wolf，Au，White & D'Agostino，2000；Masur，Sliwinski，Lipton，Blau & Crystal，1994）。相比之下，健康的老年人在记忆表现上有很大的不同（Davis & Bernstein，1992；Zacks & Hasher，2006）。他们的记忆问题可能是静态的，并且与任何神经退行性疾病无关（Crook，Bartus，Ferris，Whitehouse，Cohen & Gershon，1986；Gron，Bittner，Schmitz，Wunderlich，Tomczark & Riepe，2003）。需要在较长时间内连续进行有效和可靠的神经心理学测试才能确定是否存在认知衰退（Collie et al.，2001），因为单次测试可能无法体现这种衰退。举个例子，在注意力、非文字记忆、语言和结构性实践的筛查量表——《简易精神状态检查量表》（Folstein & McHugh，1975）中，很多老年人的得分都在正常范围内，但他们却存在认知功能衰退（Carlson et al.，1999）。因此，需要对认知能力进行仔细评估。

有助于老年人认知能力的策略

有一些策略可以帮助老年人提高认知能力，例如：指导时做到简洁明了（Craik，2000），给老年人足够的时间来完成认知活动，等等。应采取措施应对视觉和听觉的增龄性变化。此外，如果老年人对当前的事物很熟悉或感兴趣，他们的注意力可能会更集中（Rogers，2000）。因此，选用能激发其积极性的任务或话题会有所助益。在老年人完成分配性注意力任务和进行"一心二用"式信息处理时，给予提示和特定训练或许有助于其取得良好成绩，但此举对于选择性注意力的视觉搜索却不一定有用（Baron & Mattila，1989；Fisk & Rogers，1991；Hartley，1992；Murphy，Schmitt，Caruso & Sanders，1987；Rogers，2000；Verhaegen，Marcoen & Goossens，1992）。此外，记忆策略也有一定用处。在信息编码和记忆提取阶段提供支持性语境，如提供目标词中的一些字母、提供关键词或给予描述，均可改善情节记忆（Craik，2000；West et al.，2000）。老年人可以通过学习一些复杂的记忆技巧，在几个月内取得成效；但是，该等训练必须具有任务针对性，并且需要按步骤给予明确指导（Ericsson，1985；Ericsson & Kintsch，1995；West et al.，2000）。无论是当面指导还是利用 DVD、视频或播客等技术进行指导，似乎视觉和语言相结合的指导方式才能达到最佳效果（West et al.，2000）。

回忆某些单词，尤其是名字，对老年人来说尤其具有挑战性。在回忆名字时,以下几种策略可能有用:使用迂回说法和同义词;使用记忆法,在脑海中过一遍字母表,说出某种单一环境下的人名(如所有邻居的名字);重温过去的经历以更好地描述回忆对象,以及查找人名(Brooks,Friedman,Gibson & Yesavage,1993;Cohen & Faulkner,1986;Reese,Cherry & Norris,1999)。建立一个与特定单词或名字相关的心理形象,有助于将单词的意思与互动形象联系起来(Brehmer,Li,Straube,Stoll,von Oertzen,Muller & Lindenberger,2008;Einstein & McDaniel,2004;Reese et al.,1999)。比如,将"Gordan"(译者注:人名,与"花园"对应的英语单词同音)的名字与"花园"的形象联系起来(Cohen & Faulkner,1986),或将街道名"Edgemont"(译者注:edge—边;mont—山)与一个站在山边的人的形象联系起来。

通过采取一些措施也可以对执行功能和解决问题的能力产生积极影响。比如,限制环境干扰(如关闭电视)以及使用补偿方法,如使用计时器和色标卡来帮助有一定先后顺序的活动(如做饭),均有助于提高老年人的执行功能(Carlson et al.,1999)。尽管这些策略的实施可能面临一些阻力,但如果这么做意味着可以继续保持独立,老年人可能还是比较愿意使用这些策略的(Carlson et al.,1999)。关于解决问题的技能,确保老年人参与到需要这种技能的环境中是比较有利的做法。正所谓"熟能生巧",老年人成功解决的问题越多,他们就越有可能一直善于解决问题(Crawford & Channon,2002)。

某些活动可以帮助老年人维持认知功能,还可以延缓与年龄相关的衰退。定期进行体育锻炼是令老年人保持认知能力的一种方法,这一点在诸多文献中屡屡得到认同(Rogers,Meyer & Mortel,1990;Scarmeas,Levy,Tang,Manly & Stern,2001;Sorond,Schnyer,Serrador,Milberg & Lipsitz,2008)。锻炼有助于维持大脑血流量,这一点很重要,因为额叶的显著增龄性变化是造成认知改变的部分原因(Sorond et al.,2008)。一些研究者报告称,力量训练和有氧运动相结合比单独的有氧运动更有助于提高认知功能(Colcombe & Kramer,2003),但仍需要更多的研究来证实这一发现。参与具有智力刺激和社交刺激的休闲活动可以使认知功能得到改善(Carlson et al.,1999;Scarmeas & Stern,2003)。阅读、玩游戏、上课、参加志愿服务、工作、加入团体等活动,以及与配偶、亲戚和朋友建立社会关系等,都会对老年人的认知产生积极影响(Balfour,Masaki,White & Launer,2001;Scarmeas et al.,2001)。

要 点 速 览

● **神经功能完好的老年人的正常认知能力**

- 准确回答定向问题和自身经历问题

- 准确回答大多数与短篇故事相关的问题,并能在听完一个短篇故事后的即时回忆中记起大部分故事细节

- 在听完一个短篇故事后的延迟回忆中能记起许多故事细节,但可能不如在即时回忆中的表现

- 在自由回忆中能记起所识记的大约一半的书面单词,并能根据给定类别(如鱼类)提示记起几乎所有单词

- 准确识别列出的单词是否与之前看到的单词相一致

- 在一分钟内说出同属给定类别的 11 个事物,并根据给定的同类事物说出其所属类别

- 完成视觉搜索很慢

- 如果目标容易被发现,能准确完成集中性注意力和持续性注意力任务

- 完成"一心二用"任务时较慢,在协调和做出反应方面存在障碍

- 能准确完成简单的分配性注意力任务,但完成较为复杂的任务有困难

- 在程序记忆、语义记忆和久远记忆方面无显著变化

- 除非需要保留和操作的信息量很小,否则工作记忆明显呈现与年龄相关的显著衰退

- 与年轻人和中年人相比,在单词、句子、叙事性故事、解说性散文和图片的即时和延迟记忆方面有更多障碍

- 新了解到的信息忘记得相当快

- 表现出找词困难的症状,尤其想不出别人的名字

- 在执行功能的神经心理学测试中表现不佳,但保留了现实生活所需的推理能力

- 能有效解决问题;能提供少而精的解决方法

- 解决日常生活问题时会未雨绸缪,并采用调节消极情绪的方法来处理人际关系问题

- **对老年人认知有负面影响的因素**
  - 不舒服、服药、压力、疲劳、抑郁或焦虑
  - 需要大量认知资源的任务，如复杂的视觉搜索任务或有很长指导说明的任务
  - 必须在一定时间内完成的认知任务
  - 在不熟悉的环境或在噪声环境中提供目标的信息
  - 与年龄相关的视觉和听觉状态变化未得到解决
- **出现以下迹象时应将老年人转诊给言语治疗师或其他专业医疗人员**
  - 公开抱怨无法集中注意力或记不住事
  - 难以忽视背景噪声
  - 日常活动中感觉吃力或回避某些活动
  - 任何记忆变化或衰退的迹象
- **有助于老年人认知能力的策略**
  - 注意力
    - 参加熟悉或有趣的活动或任务
    - 给予简短的指导
    - 给予提示和具有任务针对性的训练
  - 记忆力
    - 在信息编码和记忆提取阶段给予有利语境。例如，提供目标词中的字母、关键词或相关描述
    - 训练具有任务针对性的记忆技巧，分步骤给予明确指导，并同时以言语和视觉方式给予指导
    - 在回忆单词时，鼓励采用迂回说法和同义词
    - 鼓励使用策略来回忆人名。例如，在脑海中过一遍字母表，说出某个单一环境下的人名（如所有邻居的名字），重温过去的经历以更好地描述回忆对象，查找人名
    - 帮助建立一个可以和特定单词或名字联系在一起的心理形象
  - 执行职能和问题解决
    - 限制环境干扰（如关闭电视）
    - 使用补偿方法，如在进行具有一定顺序的活动（如做饭）时使用计时器或色标卡
    - 鼓励积极参与需要解决问题的情境

■ 总结

○ 鼓励体育锻炼

○ 积极应对视觉和听觉的增龄性变化

○ 鼓励参与可以带来智力刺激和社交刺激的休闲活动，如阅读、玩游戏、上课、参加志愿服务、工作、加入团体等，以及与配偶、亲戚和朋友维持社会关系等

○ 提供简短指导，并留出完成活动所需时间

思 考 题

1. 关于老年人能做什么或难以做什么，有什么是让你意外的？

2. 抑郁和焦虑会给注意力和记忆力带来怎样的影响？

3. 你从哪些方面看出身边的老年人有着良好的解决问题的能力，他们又是如何应对自己的记忆障碍的呢？

4. 一般认知衰退和健忘到了什么程度会被认为是患了阿尔茨海默病？

参 考 文 献

Baddeley, A. (2003). Working memory: Looking back and looking forward. *Nature Reviews Neuroscience, 4*, 829–839.

Balfour, J. L., Masaki, K., White, L., & Launer, L. J. (2001). The effect of social engagement and productive activity on incident dementia: The Honolulu Asia aging study. *Neurology, 56* (Suppl.), A239.

Baron, A., & Mattila, W. (1989). Response slowing of older adults: Effects of time-limit contingencies on single- and dual-task performances. *Psychology and Aging, 4*, 66–72.

Bayles, K. A., & Tomoeda, C. K. (1993). *Arizona Battery for Communication Disorders of Dementia.* Tucson, AZ: Canyonlands Publishing.

Berardi, A., Parasuraman, R., & Haxby, J. (2001). Overall vigilance and sustained attention decrements in healthy aging. *Experimental Aging Research, 27*, 19–39.

Blanchard-Fields, F., Chen, Y., & Norris, L. (1997). Everyday problem solving across the adult life span: Influence of domain specificity and cognitive appraisal. *Psychology and Aging, 12*, 684–693.

Blanchard-Fields, F., Jahnke, H., & Camp, C. (1995). Age differences in problem-solving style: The role of emotional salience. *Psychology and Aging, 10*, 173–180.

Blanchard-Fields, F., Mienaltowski, A., & Baldi Seay, R. (2007). Age differences in everyday problem-solving effectiveness: Older adults select more effective strategies for interpersonal problems. *Journal of Gerontology: Psychological Sciences, 62B*, P61–P64.

Brehmer, Y., Li, S., Straube, B., Stoll, G., von Oertzen, T., Muller, V., & Lindenberger, U. (2008). Comparing memory skill maintenance across the life span: Preservation in adults, increase in children. *Psychology and Aging, 23*, 227–238.

Brooks, J. O., Friedman, L., Gibson, J. M., & Yesavage, J. A. (1993). Spontaneous mnemonic strategies used by older and younger adults to remember proper names. *Memory, 1*, 393–407.

Brown, J. (1958). Some tests of the decay theory of immediate memory. *Quarterly Journal of Experimental Psychology, 10*, 12–21.

Burda, A. N. (2008). *Healthy aging adults' performance on tests of cognition*. Adele Whitenack Davis Research in Gerontology Award, University of Northern Iowa.

Carlson, M. C., Fried, L. P., Xue, Q. L., Bandeen-Roche, K., Zeger, S. L., & Brandt, J. (1999). Association between executive attention and physical functional performance in community-dwelling older women. *Journal of Gerontology: Social Sciences, 54B*, S262–S270.

Chasteen, A. L., Park, D. C., & Schwartz, N. (2009). Implementation intentions and facilitation of prospective memory. *Psychological Science, 12*, 457–461.

Cohen, G., & Faulkner, D. (1986). Memory for proper names: Age differences in retrieval. *British Journal of Developmental Psychology, 4*, 187–197.

Colcombe, S., & Kramer, A. F. (2003). Fitness effects on the cognitive function of older adults: A meta-analytic study. *Psychological Science, 14*, 125–130.

Collie, A., Maruff, P., Shafiq-Antonacci, R., Smith, M., Hallup, M., Schofield, P. R. et al. (2001). Memory decline in healthy older people: Implications for identifying mild cognitive impairment. *Neurology, 56*, 1533–1538.

Connor, L. T. (2001). Memory in old age: Patterns of decline and perseveration. *Seminars in Speech and Language, 22*, 117–125.

Cornelius, S. W., & Capsi, A. (1987). Everyday problem solving in adulthood and old age. *Psychology and Aging, 2*, 144–153.

Cowan, N. (2001). The magical number 4 in short-term memory: A reconsideration of mental storage capacity. *Behavioral and Brain Science, 24*, 87–185.

Cowan, N. (2008). What are the differences between long-term, short-term, and working memory? *Progress in Brain Research, 169*, 323–338.

Craik, F. I. M. (2000). Age-related changes in human memory. In D. Park & N. Schwarz (Eds.), *Cognitive aging: A primer* (pp. 75–92). Philadelphia: Psychology Press.

Craik, F. I. M., & Jennings, J. M. (1992). Human memory. In F. I. M. Craik & T. A. Salthouse (Eds.), *The handbook of aging and cognition* (pp. 51–110). Hillsdale, NJ: Erlbaum.

Crawford, S., & Channon, S. (2002). Dissociation between performance on abstract tests of executive function and problem solving in real-life type situations in normal aging. *Aging and Mental Health, 6*, 12–21.

Crook, T., Bartus, R. T., Ferris, S. H., Whitehouse, P., Cohen, G. D., & Gershon, S. (1986). Age-associated memory impairment: Proposed diagnostic criteria measures of clinical change. Report of a National Institute of Mental Health Work Group. *Developmental Neuropsychology, 2*, 261–276.

Crooks, V. C., Petitti, D. B., Brody, K. K., & Yep, R. L. (2005). Self-reported severe memory problems as a screen for cognitive impairment and dementia. *Dementia, 4*, 539–551.

Davis, H. P., & Bernstein, P. A. (1992). Age-related changes in explicit and implicit memory. In L. R. Squire & N. Butters (Eds.), *Neuropsychology of memory* (2nd ed.) (pp. 112–124). New York: The Guilford Press.

Davis, H. P., Small, S. A., Stern, Y., Mayeux, R., Feldstein, S. N., & Keller, F. R. (2003).

Acquisition, recall, and forgetting of verbal information in long-term memory by young, middle-aged, and elderly individuals. *Cortex, 39,* 1063–1091.

Dobbs, A. R., & Rule, B. G. (1989). Adult age differences in working memory. *Psychology and Aging, 4,* 500–503.

Duckworth, M., Iezzi, T., & O'Donohue, W. (2008). *Motor vehicle collisions: Medical, psychosocial, and legal consequences.* Boston, MA: Elsevier Academic.

Einstein, G. O., & McDaniel, M. A. (2004). *Memory fitness: A guide for successful aging.* New Haven, CT: Yale University Press.

Elias, M. F., Beiser, A., Wolf, P. A., Au, R., White, R. F., & D'Agostino, R. B. (2000). The preclinical phase of Alzheimer's disease: A 22-year prospective study of the Framingham cohort. *Archives of Neurology, 57,* 808–813.

Enns, J. T., & Trick, L. M. (2006). Four modes of selection. In E. Bialystok & F. I. M. Craik (Eds.), *Lifespan cognition: Mechanisms of change* (pp. 43–56). New York: Oxford University Press.

Ericsson, K. A. (1985). Memory skill. *Canadian Journal of Psychology, 39,* 188–231.

Ericsson, K. A., & Kintsch, W. (1995). Long term working memory. *Psychological Review, 102,* 211–245.

Fisk, A. D., & Rogers, W. (1991). Toward an understanding of age-related memory and visual search effects. *Journal of Experimental Psychology: General, 120,* 131–149.

Folstein, M. F., Folstein, S. E., & McHugh, P. R. (1975). Mini-Mental State: A practical method for grading the cognitive state of patients for the clinician. *Journal of Psychiatric Research, 12,* 189–198.

Giambra, L. M. (1993). Sustained attention in older adults: Performance and processes. In J. Cerella, J. Rybash, W. Hoyer, & M. L. Commons (Eds.), *Adult information processing: Limits on loss* (pp. 259–272). San Diego, CA: Academic Press.

Gron, G., Bittner, D., Schmitz, B., Wunderlich, A. P., Tomczark, R., & Riepe, M. W. (2003). Variability in memory performance in aged healthy individuals: An fMRI study. *Neurobiology of Aging, 24,* 453–463.

Hartley, A. (1992). Attention. In F. I. M. Craik & T. Salthouse (Eds.), *Handbook of aging and cognition* (pp. 3–49). Hillsdale, NJ: Erlbaum.

Hedden, T., & Gabrieli, D. E. (2004). Insights into the aging mind: A view from cognitive neuroscience. *Nature Reviews Neuroscience, 5,* 87–96.

Helm-Estabrooks, N. (2001). *Cognitive Linguistic Quick Test.* San Antonio, TX: The Psychological Corporation.

Hultsch, D. R., & Dixon, R. A. (1984). Memory for text materials in adulthood. In P. B. Baltes & O. G. Brim (Eds.), *Life-span development and behavior,* vol. 6. New York: Academic Press.

James, L. (2006). Specific effects of aging on proper name retrieval: Now you see them, now you don't. *Journal of Gerontology, 61B,* 180–183.

Jenkins, L., Myerson, J., Hale, S., & Fry, A. (1999). Individual and developmental differences in working memory across the life span. *Psychonomic Bulletin & Review, 6,* 28–40.

Jonker, C., Geerlings, M. I., & Schmand, B. (2000). Are memory complaints predictive for dementia? A review of clinical and population-based studies. *International Journal of Geriatric Psychiatry, 15,* 983–991.

Kemper, S. (1987). Syntactic complexity and elderly adults' prose recall. *Experimental Aging Research, 13,* 47–52.

Kemper, S., Herman, R. E., & Lian, C. H. (2003). The costs of doing two things at once for young and older adults: Talking while walking, finger tapping, and ignoring speech or noise. *Psychology and Aging, 18,* 181–192.

Kemper, S., & Sumner, A. (2001). The structure of verbal abilities in young and older adults. *Psychology and Aging, 16,* 312–322.

Kennedy, M., & Coelho, C. (2005). Self-regulation after traumatic brain injury: A framework for intervention of memory and problem solving. *Seminars in Speech and Language, 26,* 242–255.

Kramer, A. F., Humphrey, D. G., Larish, J. F., Logan, G. D., & Strayer, D. L. (1994). Aging and inhibition: Beyond a unitary view of inhibitory processing attention. *Psychology and Aging, 9,* 491–512.

Kramer, A. F., & Kray, J. (2006). Aging and attention. In E. Bialystok & F. I. M. Craik (Eds.), *Lifespan cognition: Mechanisms of change* (pp. 57–69). New York: Oxford University Press.

Light, L. L. (1992). The organization of memory in old age. In F. I. M. Craik & T. A. Salthouse (Eds.), *The handbook of aging and cognition* (pp. 111–165). Hillsdale, NJ: Erlbaum.

Light, L. L., & Burke, D. M. (1988). Patterns of language and memory in old age. In L. L. Light & D. M. Burke (Eds.), *Language, memory, and aging* (pp. 244–271). New York: Cambridge University Press.

Lindenberger, U., & Baltes, P. B. (1994). Sensory functioning and intelligence in old age: A strong connection. *Psychology and Aging, 9,* 339–355.

Masur, D. M., Sliwinski, M., Lipton, R. B., Blau, A. D., & Crystal, H. A. (1994). Neuropsychological prediction of dementia and the absence of dementia in healthy older persons. *Neurology, 44,* 1427–1432.

McDougall, G. J., Montgomery, K. S., Eddy, N., Jackson, E., Nelson, E., & Stark, T. (2003). Aging memory self-efficacy: Elders share their thoughts and experiences. *Geriatric Nursing, 24,* 162–168.

Miller, G. A. (1956). The magical number seven, plus or minus two: Some limits of our capacity for processing information. *Psychological Review, 63,* 81–97.

Murphy, M., Schmitt, F., Caruso, M., & Sanders, R. (1987). Metamemory in older adults: The role of monitoring in serial recall. *Psychology and Aging, 2,* 331–339.

Naveh-Benjamin, M., Hussain, Z., Guez, J., & Bar-On, M. (2003). Adult age differences in episodic memory: Further support for an associative-deficit hypothesis. *Journal of Experimental Psychology: Learning, Memory, and Cognition, 29,* 826–837.

Park, D. C., & Payer, D. (2006). Working memory across the adult lifespan. In E. Bialystok & F. I. M. Craik (Eds.), *Lifespan cognition: Mechanisms of change* (pp. 128–142). New York: Oxford University Press.

Peterson, L. R., & Peterson, M. J. (1959). Short-term retention of individual items. *Journal of Experimental Psychology, 58,* 193–198.

Phillips, L. H., & Della Salla, S. (1998). Aging, intelligence, and anatomical segregation in the frontal lobes. *Learning and Individual Differences, 10,* 217–243.

Plude, D. J., & Doussard-Roosevelt, J. A. (1989). Aging, selective attention, and feature integration. *Psychology and Aging, 4,* 98–105.

Posner, M. (2008). Attention as a cognitive and neural system. *Current Directions in Psychological Science, 1,* 11.

Reese, C. M., Cherry, K. E., & Norris, L. E. (1999). Practical memory concerns for older adults. *Journal of Clinical Geropsychology, 5,* 231–244.

Rey, A. (1964). *L'Examin clinique en psychologie.* Paris: Press Universitaires de France.

Riddle, D. (2007). *Brain aging: Models, methods, and mechanisms.* Boca Raton, FL: CRC Press.

Rogers, R. L., Meyer, J. S., & Mortel, K. F. (1990). After reaching retirement age, physical activity sustains cerebral perfusion and cognition. *Journal of the American Geriatrics Society*, 38, 123–128.

Rogers, W. A. (2000). Attention and aging. In D. Park & N. Schwarz (Eds.), *Cognitive aging: A primer* (pp. 57–73). Philadelphia: Psychology Press.

Ross-Swain, D. (1996). *Ross Information Processing Assessment* (2nd ed.). Austin, TX: Pro-Ed.

Ross-Swain, D., & Fogle, P. T. (1996). *Ross Information Processing Assessment–Geriatric*. Austin, TX: Pro-Ed.

Salthouse, T. (2000). Aging and measures of processing speed. *Biological Psychology*, 54, 35–54.

Salthouse, T. A. (1982). *Adult cognition: An experimental psychology of human aging*. New York: Springer-Verlag.

Salthouse, T. A. (1991). *Theoretical perspectives on cognitive aging*. Hillsdale, NJ: Erlbaum.

Scarmeas, N., Levy, G., Tang, M., Manly, J., & Stern, Y. (2001). Influence of leisure activity on the incidence of Alzheimer's disease. *Neurology*, 57, 2236–2242.

Scarmeas, N., & Stern, Y. (2003). Cognitive reserve and lifestyle. *Journal of Clinical and Experimental Neuropsychology*, 25, 625–633.

Schneider, B. A., & Pichora-Fuller, M. K. (1999). Implications of perceptual deterioration for cognitive aging research. In F. I. M. Craik & T. A. Salthouse (Eds.), *The handbook of aging and cognition* (2nd ed.) (pp. 155–219). Mahwah, NJ: Erlbaum.

Simpson, G. B., Kellas, G., & Ferraro, F. R. (1999). Age and the allocation of attention across the time course of word recognition. *Journal of General Psychology*, 126, 119–136.

Sorond, F. A., Schnyer, D. M., Serrador, J. M., Milberg, W. P., & Lipsitz, L. A. (2008). Cerebral blood flow regulation during cognitive tasks: Effects on healthy aging. *Cortex*, 44, 179–184.

Verghese, J., Buschke, H., Viola, L., Hall, C., Kuslansky, G., & Lipton, R. (2002). Validity of divided attention tasks in predicting falls in older individuals: A preliminary study. *Journal of the American Geriatrics Society*, 50, 1572–1576.

Verhaegen, P., Marcoen, A., & Goossens, L. (1992). Improving memory performance in the aged through mnemonic training: A meta-analytic study. *Psychology and Aging*, 7, 242–251.

West, R. L., Welch, D. C., & Yassuda, M. S. (2000). Innovative approaches to memory training for older adults. In R. D. Hill, L. Bäckman, & A. Stigsdotter Neely (Eds.), *Cognitive rehabilitation in old age* (pp. 81–105). New York: Oxford University Press.

Wierenga, C., Benjamin, M., Gopinath, K., Perlstein, W., Leonard, C., Gonzalez Rothi, et al. (2006). Age-related changes in word retrieval: Role of bilateral frontal and subcortical networks. *Neurobiology of Aging*, 29, 197–458.

Yaffe, K., Blackwell, T., Gore, R., Sands, L., Reus, V., & Browner, W. S. (1999). Depressive symptoms and cognitive decline in nondemented older women. *Archives of General Psychiatry*, 56, 425–430.

Zacks, R. T., & Hasher, L. (2006). Aging and long-term memory: Deficits are not inevitable. In E. Bialystok & F. I. M. Craik (Eds.), *Lifespan cognition: Mechanisms of change* (pp. 162–177). New York: Oxford University Press.

Zacks, R. T., Hasher, L., & Li, K. Z. H. (1999). Human memory. In F. I. M. Craik & T. A. Salthouse (Eds.), *The handbook of aging and cognition* (2nd ed.) (pg. 293–358). Mahwah, NJ: Erlbaum.

第三章
听觉理解

Angela N. Burda 博士，认证言语治疗师

我们每天都会听到和处理外界向我们输入的大量听觉信息。因为具备听觉理解能力，我们可以判断出自己听到的是清晨的闹钟还是电话铃声；可以区分烤箱计时器和消防车警报器的声音；可以弄懂别人的言语，从而给予恰当的回应。虽然我们似乎毫不费力就能理解别人说的话，但实际上理解的过程非常复杂。要听懂一条信息，需要快速识别和处理单个语音和单词，然后再将输入的其他单词和语句与之前所说的或所存储的内容结合起来（Pichora-Fuller，Schneider & Daneman，1995；Thornton & Light，2006）。阅读眼前的信息时可以返回重看，但聆听时却没有这等福利。聆听者可能无法请说话人复述刚才说过的话，因此，一些聆听者较难确定自己所听到的信息。

认知的某些方面，如记忆，会在言语的理解上起很大作用，这一点毫不令人意外（Caplan & Waters，1999；参见第二章"认知内容"）。对那些不能专心聆听或无法记住别人所说内容的聆听者来说，听觉处理是一项挑战。有很多理论观点都涉及理解能力的增龄性变化（参见第一章"理论观点"）。如同本书中讨论的任何能力一样，拥有听觉理解能力很容易被认为是理所当然的一件事情。我们往往不会对听觉处理能力多加思索，直至这种能力出现问题。在与他人互动时，非言语沟通显然非常重要。肢体语言和手势可以帮助我们理解口头信息；但是，理解别人的言语却是沟通的基石。

本章将讨论老年人通常应该有怎样的听觉处理能力，哪些因素会对老年人的听觉理解产生负面影响，出现哪些迹象时需要转诊给言语治疗师或其他医学

专家，以及哪些策略有助于提高老年人的听觉理解能力。本章末尾的"要点速览"对一些重要知识点进行了总结归纳。在本章中，"听觉理解""听觉处理""言语理解"和"言语感知"等词语可以通用。

老年人的正常听觉理解能力

言语治疗师在治疗成人患者时必须评估其语言理解能力和语言表达能力。语言领域非常宽泛，很多评估方法都会对该领域进行细分，将之划分为不同的部分（如听觉理解、书写等）进行测试，并且多按等级进行。因此，本质上都是先从简短的指令和/或回答开始，再逐步过渡到更长、更复杂的测试（Bayles & Tomoeda，1993；Helm-Estabrooks，1992；Keenan & Brassell，1975）。在市面上的一些成人语言量表中，听觉理解测试通常包括：执行越来越复杂的指令，回答越来越难的问题。测试所提问题可能与个人信息、对世界的一般认识或所听到的言语治疗师朗读的故事有关（Bayles & Tomoeda，1993；Goodglass, Kaplan & Barresi，2001；Helm-Estabrooks，1992；Kertesz，2006）。

我们很难找到关于神经功能完好的老年人的听觉理解能力的信息。很多调查研究不一定含有言语病理学量表中临床测试的评价，如前文提到的临床测试（执行越来越长的指令等）。很多量表都未系统地将老年人纳入标准化流程，也未在量表手册中说明常模人群的年龄。有些常模团体的选取可能还很成问题。举个例子，"失语症语言操作量表"（Keenan & Brassell，1975）只选取了常模团体中的囚犯作为标准化样本。该量表作者表示，他们想要能粗略代表退役军人患者之能力的受试者，他们认为，这些患者中既有未受过高等教育的人，也有不太聪明的人。尽管将社会经济地位和智力水平各异的成年人纳入测试标准化流程是有益之举，但选取被监禁者却不能为正常的语言表现树立良好范例，因为刑事系统中的许多人都有语言障碍（Blanton & Degenais，2007）。有些量表纳入了老年常模，却不一定将之作为单独的对照组。但是，从一些特例和量表手册中的信息，以及文献中的经验数据，可以获得关于神经功能完好的老年人应该拥有的听觉理解能力的一般指导。

"失语症诊断性评量"（简称"ADP"；Helm-Estabrooks，1992）是将老年人纳入标准化流程的另一个量表。量表数据来自 40 名 20～99 岁的神经功能完好者。尽管这些人中有 11 人年龄在 60～99 岁，但该量表作者并未提供各年龄组的常模数据。"失语症诊断性评量"的"听觉语言理解"部分包括："执行指令"（如"闭上眼睛""你的心脏在哪？"）；"理解单词"——被测试者从四幅黑白线条图中找出相应图片；以及"理解故事"——被测试者在听完三个篇幅越来越长、情节越来越复杂的故事后回答几道判断题。"听觉语言理解"只计算总分，即各个测试项目（如"执行命令""理解故事"）不单独计分。该部分总分为 28 分。据"失语症诊断性评量"量表手册记载，总分 28 分的情况下，神经功能完好的受试者的平均得分为24.7 分（标准差＝3.5），即在回答该部分所有测试项目时平均正确率约为 88%。不过，在看这些数据时，我们需记住：常模样本中包括年龄在 20～99 岁的受试者。

还有一个量表在标准化流程中纳入了神经功能完好的老年人，那就是"亚利桑那州痴呆症交流障碍检查法"（Bayles & Tomoeda，1993）。事实上，这是老年人在规范研究中作为独立对照组的为数不多的量表之一。这些老年人的平均年龄为 70.44 岁（标准差＝17.07）。"亚利桑那州认知症交流障碍检查法"的听觉理解测试项目包括："执行命令""回答比较性问题"和"即时复述故事"。该量表的"延时复述故事"也可以被视为听觉理解测试项目，但是因为该测试项目需要患者运用短期记忆记住相关信息，所以也可以被视为认知测验。在"执行指令"测试部分，受试者需执行不同指令，从一步指令（如"向上看"）到两步指令（如"拍手，然后用手指着"），再到三步指令（如"咳嗽、微笑、然后吹口哨"）。一共 9 题，老年人平均答对 8.8 题（标准差＝0.4），正确率为 98%。在"回答比较性问题"测试部分，受试者需要根据常识回答一些抽象的判断题，如"冰比蒸汽冷吗？""一码比一英尺长吗？"等，一共 6 题，神经功能完好的老年人平均答对 5.9 题（标准差＝0.5），正确率为 98%。与被选取为标准化样本的健康年轻人组成的对照组相比，老年人在这两个测试项目上的平均分没有显著差异。

顾名思义，在"亚利桑那州认知症交流障碍检查法"的"故事复述"部分，患者需要在听完故事后立即复述，并且延迟一段时间后再次进行复述。即时复述在测试的开头进行，而延迟复述则是整个测试的最后一项。这两次复述之间有 15 个测试项目。言语治疗师不会提问与故事相关的问题，同时在即时复述结束时会提示患者记住故事内容，因为稍后还需复述。故事内容如下：一位女士在购物时丢了钱包，自己却不知道；后来，她接到了捡到钱包的小女孩打来的电话。该测试项目按患者所答对的信息单元的数量（如"女士""她的钱包""电话铃响"）进行评分。

Bayles 和 Tomoeda（1993）报告称，在"即时复述"测试部分，共有 17 个信息单元,常模样本组老年人平均回忆起 14 个信息单元(标准差＝2.8),正确率为 82%。而在"延时复述"测试部分,老年人平均回忆起 12.4 个信息单元(标准差＝4.5),正确率为 73%。在"即时复述"上,神经功能完好的年轻人和老年人之间的得分并没有显著差异。然而,在"延时复述"上,这两个年龄组的表现的确有所不同:老年人平均约回忆起 12 个信息单元,而年轻人约回忆起 15 个信息单元。总的来说,"亚利桑那州痴呆症交流障碍检查法"量表结果显示,老年人应该能够准确地执行越来越长的指令(最长为三步指令),并回答与常识相关的抽象判断题。在听完短篇故事后,他们也应该能够立即回忆起许多故事内容,但不一定是全部。听完故事后过一会,老年人应该仍然记得大部分故事内容,但可能不像他们在即时回忆中那样能记得那么多细节。

除了收集标准化测试信息外,研究人员还专门针对老年人的听觉理解能力进行了调查研究。研究结果表明,老年人在聆听句子(Federmeier & Kutas,2005)和他人叙述(Little,Prentice,Darrow & Wingfield,2005)时会表现出听觉处理延迟。尽管处理过程可能会出现延迟,但好的方面是,老年人能理解口头指令(Schmitt & Moore,1989),理解以正常交谈语速朗读的文章(Schmitt & Moore,1989),并维持(甚至可能扩充)自己的词汇量和词汇相关知识(Salthouse,1993)。老年人词汇知识的条理性似乎依然相当稳定(Federmeier & Kutas,2005),因此他们能够准确地识别单词(Wingfield,Alexander & Cavigelli,1994),并得出推论(Light,Valencia-Laver & Davis,1991;Soederberg Miller,Stine-Morrow,Kirkorian & Conroy,2004)。因此,如果谈话与宠物有关,老年人将能在自己有条理的知识储备中找到通常被作为宠物饲养的动物类型。如果谈话中提到某种宠物"大腹便便",老年人可以推断出交谈对象是在谈论宠物猪,而不是宠物猫或宠物狗。

Burda 曾进行过一项研究(2007),她将 31 名 65 岁及以上的受试者分为三个年龄组:初老组(65～74 岁;平均年龄＝69.3 岁,标准差＝2.2),老年组(75～84 岁;平均年龄＝81.1 岁,标准差＝1.9),耄耋组(85 岁以上;平均年龄＝89.5 岁,标准差＝4.4)。再将受试者大致均分到这三个年龄组(即初老组和耄耋组 10 名受试者、老年组 11 名受试者),并要求他们完成言语治疗师在临床评估中会用到的多种听觉理解测验。这些测验包括:让受试者执行一步指令(如"挠挠头")和复杂指令(如"当我打响指时,看着地板"),回答与自身有关的判断题(如"你是男人吗?"),回答与对世界一般认识相关的较难的判断题(如"免费物品是否要给钱?"),以及听完两个短篇故事后回答问题。这两个故事中有一个故事有 9 句话,讲的是烤苹果派;另一个故事有 7 句话,讲的是一个家庭早晨的日常生活。表 3-1 列出了各年龄组的研究结果。

如表 3-1 所示,受试者在执行指令和回答关于自身的判断题和较难的判断题时准确率很高。受试者在听完短篇故事后回答问题时,表现有所下降。各年龄组之间没有显著差异,耄耋组的有些平均分高于两个较年轻年龄组受试者的得分。此外,三个年龄组的表现没有统计学意义上的差异。应当指出的是,该项试验性研究的样本量很小。

表 3-1　听觉理解测验平均表现

测　　验	总计*	初 老 组			老 年 组			耄 耋 组		
		平均分	标准差	%**	平均分	标准差	%**	平均分	标准差	%**
一步指令	10	10.0	0.0	100	10	0.0	100	10.0	0.0	100
复杂指令	10	9.9	0.3	99	9.6	0.7	96	9.6	0.7	96
关于自身的判断题	10	10.0	0.0	100	10.0	0.0	100	10.0	0.0	100
较难的判断题	10	10.0	0.0	100	9.7	0.6	97	9.9	0.3	99
短篇故事(烤苹果派)	10	7.0	2.9	70	6.6	2.4	66	7.4	2.1	74
短篇故事(早晨日常)	10	7.4	1.7	74	7.7	1.3	77	8.0	1.7	80

注:*为总分,**为正确率。
资料来源:Burda(2007)。

总之,成人语言量表常模数据和一些研究中包含的信息显示,老年人应该能够理解和执行指令,从四幅线条图中找出相应图片,并回答与自身和对世界的一般认识相关的判断题。虽然他们应该能回答许多与短篇故事相关的判断题,并且能立即回忆起故事的重要细节,但是与前述测试项目(如执行指令)中的表现相比,他们在这些测试项目上的表现可能有所降低。听完短篇故事后,他们可能只能准确回答 3/4 的问题。在故事的延时记忆中,老年人能想起的细节应该少于在即时记忆中能想起的细节,但是,他们应该仍然能够复述自己听到的大部分内容。老年人会表现出听觉处理延迟;然而,他们积累的词汇和单词相关知识会帮助他们理解说话者的意思。请务必牢记,神经功能完好的老年人的能力水平可能远超本文之描述,因为以上信息仅仅是基于有限的可用数据而得到的。人们需要进行更多的研究,以更完善地记录老年人的能力。

影响老年人听觉理解的因素及问题迹象

有一些因素会给老年人的语言理解带来较大困难。这些因素可能与说话者、环境或老年人自身有关。与老年人相关的一个因素是，大多数老年人都有某种类型的听力衰退（Gordon-Salant，2005）。造成老年人听力损伤的原因有很多，包括噪声、耳科疾病和耳中毒（Dugan，2003；Lipsky & King，2005）。许多老年人还会患上老年性耳聋——一种老年性听力损伤（Corso，1963；Willott，1991；Yost，2007），这通常使得老年人较难听到高频率的声音（van Rooij & Plomp，1990），例如，摩擦音（如/sh/,/s/）和破擦音（如/ch/），以及女性和儿童的声音等较尖的声音。与年龄相关的听力衰退可能在中年甚至更早就开始了，尽管如此，人们的听力还是不可能在几年之内陡然出现显著变化（Mehrotra & Wagner，2008）。但听力方面这些小幅度的不断衰退还是会对语言理解产生负面影响（Thornton & Light，2006）。虽然助听器有助于语言理解，但并非所有有听力损伤的人都会使用助听器（Garstecki & Erler，1997；Gordon-Salant，2005）。

交流互动所处环境会影响老年人的言语感知。举个例子，回音和背景噪声可能就是很大的问题。回音是指"在封闭房间中回荡的声音"（Gordon-Salant，2005，第21页）。在有很高的天花板和玻璃幕墙（包括窗户和镜子）的房间里，回音会特别大（Gordon-Salant，2005）。不管是否有听力损伤，在存在回音的情况下，老年人都不能像年轻人那样准确地理解他人的语言（Gordon-Salant & Fitzgibbons，1993；Helfer & Wilber，1990；Nabelek & Robinson，1982）。

如果存在背景噪声，即使没有任何听力损伤，老年人仍比年轻人更难理解他人言语（Gordon-Salant & Fitzgibbons，1995，1999）。患有老年性耳聋的老年人在噪声环境中试图弄懂别人所说的话时，困难只会加剧，同时他们需要更多的时间来处理听到的语言（Gordon-Salant & Fitzgibbons，1995，1999）。一般来说，困难的听力状况（例如，存在背景噪声、多人同时说话）增加了老年人难以理解他人在说什么的可能性（Humes，1996；Schneider，Daneman，Murphy & Kwong-See，2000）。老年人知道这一点，而且他们果然也道出了自己在噪声环境下理解语言的一些困难（参见CHABA 1998年的综述）。不幸的是，日常生活中时常存在噪声，噪声有时可能来自意想不到的地方。本来安静的环境中，如果有空调的声音或灯具发出的轻微的嘶嘶声,也会干扰老年人的听觉理解。

如前所述,语境在语言理解中起着重要作用。如果不知道语境,老年人的语言理解会更困难(Schneider;Daneman & Murphy,2005)。如果语境很利于作出推测,则老年人将能准确地说明说话者的说话内容(Balota & Duchek,1991;Burke & Harrold,1993)。然而,如果老年人根据语境无法推测说话者的说话内容,他们的语言理解就不那么准确了(Dubno,Ahlstrom & Horwitz,2000)。例如,研究发现,老年人更容易准确地复述句子中的最后一个单词,比如"我感冒了,喉咙痛"(译者注:用英语表达这句话时,"喉咙"一词在末尾),而"他在考虑喉咙"这一句则不行,因为后者缺乏有利的语境(Dubno,Ahlstrom & Horwitz,2000)。

说话者也会影响老年人对其所说内容的理解程度。老年人不熟悉他人的说话方式(Yonan & Sommers,2000),或者他人的说话方式变了时,他们理解起来会更困难。例如,较快的语速会对老年人的语言理解产生不利影响(Gordon-Salant & Fitzgibbons,1995,1999;Tun,1998)。据报道,正常会话的语速为每分钟175～275个单词(Schmitt & Moore,1989;Wingfield,Poon,Lombardi & Lowe,1985;Yorkston & Beukelman,1984)。当人们的语速快于这样的速度,即句子中的一个短语说得太快时,老年人的语言处理也可能会延迟或不准确(Gordon-Salant & Fitzgibbons,2004)。对老年人来说,辅音可能尤难处理,因为辅音的声音信息非常简短(Gordon-Salant,2005)。说话者如果有外国口音,可能也会使老年人难以准确感知其言语(Burda,Bradley-Potter,Dralle,Murphy & Roehs,2009;Burda,Casey,Foster,Pilkington & Reppe,2006;Burda & Hageman,2005;Burda,Scherz,Hageman & Edwards,2003)。与语速很快一样,人们也不认为说话带口音有什么不对(ASHA,2007)。非英语母语者的语言可能存在发音、韵律和语法差异,使聆听者较难理解他们在说什么(Clarke,2002;Edwards & Strattman,1996;Major,Fitzmaurice,Bunta & Balasubramanian,2002;Munro & Derwing,1995a,1995b)。

如果存在任何一种上述因素(听力损伤、语速快、语境未知等),老年人的听觉处理就会变得吃力,也会让他们更依赖自上而下的信息处理方式。这种处理方式意味着,聆听者必须依靠自身对世界的认识来弄懂听到的内容。例如,如果一名老年人看到邻居的孩子在来回扔球,凭常识可以知道"孩子们在玩耍"。他/她可能会问孩子们在做什么。但甚至在他们回答之前,这位老邻居就能预先猜想到孩子们在进行某项他们觉得有趣的并可称之为"玩耍"的游戏或活动。因此,如果孩子们花时间详细说明游戏规则和其他细节,这名老年人将可以集中精力理解这些详细描述,因为他/她理解"孩子们在玩耍"的总体概念。问题在于,当老年人对自上而下的处理方式越来越依赖时,他们就没有太多的精力专心地听说话者在说些什么,这样可能会遗漏有价值的信息。

从一些迹象可以看出老年人在听觉理解和/或听力方面存在障碍,应该转诊给言语治疗师或其他医疗专家。当老年人公开抱怨听不到或无法理解别人的话时,显然需要将其转诊给听力学家。许多老年人不想明显表现出自己在语言理解上存在困难,只会流露出一些较隐蔽的迹象,例如:在谈话中跟不上别人的节奏或无法参与谈话,听到指令后执行不了,经常要求别人对说过的话再作说明,在交流互动中反应不当、转移话题,在没有轮到自己说话时说话,或一直说些实质上很肤浅的话题(Tye-Murray,2004)。有语言理解困难的老年人可能也会回避自己以前喜欢的社交等活动(Tye-Murray,2004)。但是,除了听觉理解和听力衰退之外,其他原因也会导致相同类型的行为。例如,抑郁也会导致人们回避社交(Markowitz,2008)。阿尔茨海默病的早期迹象会导致交谈时反应不当(Powell,Hale & Bayer,1995;Santo Pietro & Ostuni,2003)。但不管怎样,如果老年人出现这些迹象,去相应的医疗专家处就诊总能有所帮助。

有助于老年人听觉理解的策略

以下一些策略可以提高老年人的听觉理解能力。尽量确保环境安静可以带来一定帮助。在理想安静的听力环境下,听力正常的老年人通常都能听懂别人的话(Gordon-Salant & Fitzgibbons,1999;Pichora-Fuller,Schneider & Daneman,1995)。但光靠安静的环境并不一定能让他们的语言理解变得容易。许多没有明显听力损伤且言语感知处于正常范围临界值的老年人称,听别人说话经常觉得很累或十分费力(Pichora-Fuller,Schneider & Daneman,1995;Schneider,Daneman,Pichora-Fuller,2002)。但是,尽管很吃力,他们还是能够理解说话者在说什么。如果老年人验配并佩戴助听器(Garstecki & Erler,1997)或使用辅助听力设备(Gordon-Salant,2005),他们的言语感知能力将可得到改善。已有助听器或其他扩音设备的人需要确保这些设备正常运行,并确保电池有电。有些人在与有听力损伤的老年人交谈时讲话声音很响。音量的把控很微妙;尽管在某种程度上,说话声音大对老年人有利,但如果说话声音太大,大多数人会无法充分理解说话的内容（Martin & Greer Clark，2006）。因此，说话者需要问一下老年人这样的音量是否足够、是否太大，这样可以帮助到他们。

　　如果说话者的言语富有韵律，老年人的听觉处理需求将会降低，从而能更好地理解说话者的说话内容（Cohen & Faulkner，1986；Kjelgaard，Titone & Wingfield，1999；Wingfield，Lahar & Stine，1989；Wingfield，Lindfield & Goodglass，2000；Wingfield，Wayland & Stine，1992）。韵律是言语的旋律走向和节奏（Meyers，1999；Wennerstrom，2001），能让老年人在聆听时判断出哪些是重读音节，以及说话者说了多少音节（Wingfield，Lindfield & Goodglass，2000）。此外，老年人还可以根据语调来判断说话者是在提问还是在陈述。他们还会注意到被重读的特定单词，对话题有一个大致了解。因此，说话者在说话时应该发音自然、字正腔圆，因为如果其语调很平或变化多端，就会造成听觉理解问题（Edwards & Strattman，1996）。

　　熟悉话题也有助于老年人的语言理解。如前所述，如果老年人了解别人所说话题的语境，将可以更好地理解该话题（Dubno，Ahlstrom & Horwitz，2000；Federmeier & Kutas，2005；Pichora-Fuller，Schneider & Daneman，1995）。所以说，如果老年人对话题有一定的了解是很有好处的。需要注意的是，在聆听前（而不是聆听后）了解一下话题往往最为有益（Wingfield，Alexander & Cavigelli，1994），这毫不奇怪。如果我们碰巧遇到一群人邀请我们加入他们的谈话，却没有告诉我们他们在谈论些什么，那我们光是想弄清楚他们的话题可能就要花很多时间。这时，如果有人说一句"我们在谈昨晚的足球赛"，将对我们很有帮助。如果这句话是在谈话再次开始之前而不是在谈话结束时说的，那就更有帮助了。一言以蔽之，关于接下来会听到什么的"预报"可令老年人受益。

　　语境也可为老年人消除词语的歧义（Federmeier，2006）。举例来说，有一些同音异形异义词，它们读音相同但拼写和含义不同。比如，"See"（看见）和"sea"（海洋）就是同音异形异义词。了解语境可以让老年人准确辨别说话者说的是哪一个词。增加对说话内容熟悉度的另一种方法是多说几次和啰唆一点（Pichora-Fuller，2008）。说话者可以通过复述、改述或总结自己所说的话来促进听者的理解。

　　如果老年人熟悉某个人（包括说话有口音的非英语母语人士）（Burda，Overhake & Thompson，2005）的说话方式，则其听觉理解表现也会提高（Gass & Varonis，1984；Yonan & Sommers，2000）。当老年人习惯说话者的声音时，他们即使在嘈杂的听力环境中也会拥有不俗的语言理解能力（Yonan & Sommers，2000）。如果老年人有多次机会听到某一说话者说话，就会熟悉其说话方式。即使没有这样的机会，老年人仍然可以在一次聆听过程中逐渐熟悉说话者特有的说话方法（Burda et al.，2005）。

大量研究资料表明，语速过快会给老年人的语言理解带来障碍（Gordon-Salant & Fitzgibbons，1995，1999；Tun，1998），因此说话者应注意用适当的语速说话；但是，以比正常语速慢得多的语速说话也不一定对他们有帮助（Kemper & Harden，1999；Nejime & Moore，1998）。正如说话声音太大会给老年人带来理解障碍一样，说话太慢也会带来这种障碍。除了使用适当的语速来帮助听觉处理之外，老年人可能还需要用更多的时间来处理别人的说话内容。研究表明，在以短语和句子形式向老年人讲解要点"总结"时，话语之间的停顿时间需要更长一些，这样有助于他们的听觉处理（Little，Prentice，Darrow & Wingfield，2005）。因此，给他们留出足够的处理时间可以使他们有更好的语言理解表现。

要 点 速 览

● **神经功能完好的老年人的正常听觉理解能力**
- 理解和执行从简单步骤到多步骤的指令
- 通过在四幅线条图中找出相应图片来证明对单词的理解
- 回答与自身情况和对世界一般认识相关的判断题
- 回答大多数与短篇故事相关的问题，并能在听完短篇故事后的即时回忆中记起大部分细节
- 在听完短篇故事后的延时回忆中能记起许多故事细节，但可能不如即时回忆的表现
- 会有言语处理延迟
- 维持且甚至可能扩充词汇量和词汇相关知识

● **对老年人听觉理解有负面影响的因素**
- 听力衰退，包括老年性耳聋——一种老年性听力损伤
- 背景噪声或多人同时讲话
- 缺乏所讲内容的语境
- 说话者语速快、有口音或说话方式不为聆听的老年人所熟悉

● **出现以下迹象时应将老年人转诊给言语治疗师或其他医疗专家**
- 公开抱怨听不到或听不懂讲话
- 无法听清或理解说话内容的隐性迹象包括
  ○ 在谈话中跟不上别人的节奏或无法参与谈话
  ○ 无法执行听到的指令
  ○ 经常要求别人对说过的话再作说明
  ○ 在交谈中反应不当、转移话题,以及在没有轮到自己说话时说话
  ○ 一直说些实质上很肤浅的话题
- 回避社交活动或以前喜欢的其他活动
  (注:如果怀疑患者听力受损,请转诊给听力学家)

● **有助于老年人听觉理解能力的策略**
- 提供有利于聆听的安静环境
- 积极应对听力损伤。若佩戴助听器或使用辅助听力设备,确保其正常运行,且电池有电
- 用适合老年人聆听的音量说话,以便于其理解;不要说得太大声
- 以便于老年人理解的语速说话,不要说得太快或太慢
- 说话抑扬顿挫、字正腔圆
- 告知老年人将谈论什么话题,或者提供关于他们将听到什么内容的"预报"
- 让老年聆听者熟悉说话者的说话方式,多次聆听将对他们有所帮助
- 复述、改述和总结说过的话
- 给老年人留出足够的言语处理时间

思 考 题

1. 使用手势会有助于老年人的听觉理解吗?

2. 除了助听器,老年人还可以使用哪些辅助听力设备或扩音设备?

3. 老年人如何扩充自己的词汇量和词汇相关知识?

4. 正如书中提到的,影响老年人听觉理解的因素(如环境、听力损伤)有很多。是否有哪一种因素是导致听觉理解能力衰退的主要因素?

参 考 文 献

American Speech-Language-Hearing Association (ASHA). (2007). *Accents and dialects.* Retrieved June 26, 2007 from http://www.asha.org/about/leadership-projects/multicultural/issues/ad.

Balota, D. A., & Duchek, J. M. (1991). Semantic priming effects, lexical repetition effects, and contextual disambiguation effects in healthy aged individuals and individuals with senile dementia of the Alzheimer type. *Brain and Language, 40,* 181–201.

Bayles, K. A., & Tomoeda, C. K. (1993). *Arizona Battery for Communication Disorders of Dementia.* Tucson, AZ: Canyonlands Publishing.

Blanton, D. J., & Degenais, P. A. (2007). Comparison of language skills of adjudicated and nonadjudicated adolescent males and females. *Language, Speech, and Hearing Services in Schools, 38,* 309–314.

Burda, A. N. (2007). *Communication changes in healthy aging adults.* Adele Whitenack Davis Research in Gerontology Award, University of Northern Iowa.

Burda, A. N., Bradley-Potter, M., Dralle, J., Murphy, J., & Roehs, A. (2009). Influence of age and native language on immediate verbal repetition. *Perceptual and Motor Skills, 109,* 1–8.

Burda, A. N, Casey, A. M., Foster, T. R., Pilkington, A. K., & Reppe, E. A. (2006). Effects of accent and age on transcription of medically related utterances: A pilot study. *Communication Disorders Quarterly, 27,* 110–116.

Burda, A. N., & Hageman, C. F. (2005). Perception of accented speech by residents in assisted living facilities. *Journal of Medical Speech Language Pathology, 13,* 7–14.

Burda, A. N., Overhake, D. R., & Thompson, K. K. (2005). Familiarity and older adults' transcriptions of native and non-native speech. *Perceptual and Motor Skills, 100,* 939–942.

Burda, A. N., Scherz, J. A., Hageman, C. F., & Edwards, H. T. (2003). Effects of age on understanding speakers with Spanish or Taiwanese accents. *Perceptual and Motor Skills, 97,* 11–20.

Burke, D. M., & Harrold, R. M. (1993). Automatic and effortful semantic processes in old age: Experimental and naturalistic approaches. In L. L. Light & D. M. Burke (Eds.), *Language, memory, and aging* (pp. 100–116). New York: Cambridge University Press.

Caplan, D., & Waters, G. S. (1999). Verbal working memory and sentence comprehension. *Behavioral and Brain Sciences, 22,* 77–126.

Clarke, C. M. (2002). *Perceptual adjustment to foreign-accented English with short-term exposure.* Paper presented at the Seventh International Conference on Spoken Language Processing, Buffalo, NY.

Cohen, G., & Faulkner, D. (1986). Does "elderspeak" work? The effect of intonation and stress on comprehension and recall of spoken discourse in old age. *Language and Communication, 6,* 91–98.

Committee on Hearing, Bioacoustics, and Biomechanics. (CHABA). (1998). Speech understanding and aging. *Journal of the Acoustical Society of America, 83,* 859–895.

Corso, F. (1963). Age and sex differences in pure-tone thresholds. *Archives of Otolaryngology, 77,* 385–405.

Dubno, J. R., Ahlstrom, J. B., & Horwitz, A. R. (2000). Use of context by young and aged adults with normal hearing. *Journal of the Acoustical Society of America, 107,* 538–546.

Dugan, M. (2003). *Living with hearing loss*. Washington, DC: Gallaudet University Press.

Edwards, H. T., & Strattman, K. H. (1996). *Accent modification manual: Materials and activities; Instructor's Text*. San Diego, CA: Singular Publishing Group.

Federmeier, K. D. (2006). Thinking ahead: The role and roots of prediction in language comprehension. *Psychophysiology, 44,* 491–505.

Federmeier, K. D., & Kutas, M. (2005). Aging in context: Age-related changes in context use during language comprehension. *Psychophysiology, 42,* 133–141.

Garstecki, D. D., & Erler, S. F. (1997). Hearing in older adults. In B. B. Shadden & M. A. Toner (Eds.), *Aging and communication: For clinicians by clinicians* (pp. 97–116). Austin, TX: Pro-Ed.

Gass, S., & Varonis, E. M. (1984). The effect of familiarity on the comprehensibility of non-native speech. *Language Learning, 34,* 65–86.

Goodglass, H., Kaplan, E., & Barresi, B. (2001). *Boston Diagnostic Aphasia Examination* (3rd ed.). Philadelphia: Lippincott Williams & Wilkins.

Gordon-Salant, S. (2005). Hearing loss and aging: New research findings and clinical implications. *Journal of Rehabilitation Research and Development, 42,* 9–24.

Gordon-Salant, S., & Fitzgibbons, P. J. (1993). Temporal factors and speech recognition performance in young and elderly listeners. *Journal of Speech and Hearing Research, 36,* 1276–1285.

Gordon-Salant, S., & Fitzgibbons, P. J. (1995). Comparing recognition of distorted speech using an equivalent signal-to-noise ratio index. *Journal of Speech and Hearing Research, 38,* 706–713.

Gordon-Salant, S., & Fitzgibbons, P. J. (1999). Profile of auditory temporal processing in older adults. *Journal of Speech, Language, and Hearing Research, 42,* 300–311.

Gordon-Salant, S., & Fitzgibbons, P. J. (2004). Effects of stimulus and noise rate variability on speech perception by younger and older adults. *Journal of the Acoustical Society of America, 115,* 1808–1117.

Helfer, K., & Wilber, L. A. (1990). Hearing loss, aging, and speech perception in reverberation and noise. *Journal of Speech and Hearing Research, 33,* 149–155.

Helm-Estabrooks, N. (1992). *Aphasia Diagnostic Profile*. Dedham, MA: AliMed.

Humes, L. E. (1996). Speech understanding in the elderly. *Journal of the American Academy of Audiology, 7,* 161–167.

Keenan, J. S., & Brassell, E. G. (1975). *Aphasia Language Performance Scales*. Murfreesboro, TN: Pinnacle Press.

Kemper, S., & Harden, T. (1999). Experimentally disentangling what's beneficial about elderspeak from what's not. *Psychology and Aging, 14,* 656–670.

Kertesz, A. (2006). *Western Aphasia Battery–Revised*. San Antonio, TX: Harcourt Assessment, Inc.

Kjelgaard, M. M., Titone, D. A., & Wingfield, A. (1999). The influence of prosodic structure on the interpretation of temporary syntactic ambiguity by young and elderly listeners. *Experimental Aging Research, 25,* 187–207.

Light, L. L., Valencia-Laver, D., & Davis, D. (1991). Instantiation of general terms in young and older adults. *Psychology and Aging, 6,* 337–351.

Little, D. M., Prentice, K. J., Darrow, A. W., & Wingfield, A. (2005). Listening to spoken text: Adult age differences as revealed by self-paced listening. *Experimental Aging Research, 31,* 313–330.

Lipsky, M., & King, M. (2005). *Blueprints family medicine* (2nd ed.). Malden, MA: Lippincott Williams & Wilkins.

Major, R. C., Fitzmaurice, S. F., Bunta, F., & Balasubramanian, C. (2002). The effects of non-native accents on listening comprehension: Implications for ESL assessment. *TESOL Quarterly, 2,* 173–190.

Markowitz, J. (2008). Evidence-based psychotherapies for depression. *Journal of Occupational and Environmental Medicine, 50,* 437–440.

Martin, F. N., & Greer Clark, J. (2006). *Introduction to audiology* (9th ed.). Boston: Pearson.

Mehrotra, C., & Wagner, L. (2008). *Aging and diversity: An active learning experience* (2nd ed.). New York: CRC Press.

Meyers, P. S. (1999). *Right hemisphere damage: Disorders of communication and cognition.* San Diego, CA: Singular Publishing Group.

Munro, M. J., & Derwing, T. M. (1995a). Foreign accent, comprehensibility and intelligibility in the speech of second language learners. *Language Learning, 45,* 73–97.

Munro, M. J., & Derwing, T. M. (1995b). Processing time, accent, and comprehensibility in the perception of native and foreign-accented speech. *Language and Speech, 38,* 289–306.

Nabelek, A. K., & Robinson, P. K. (1982). Monaural and binaural speech perception in reverberation for listeners of various ages. *Journal of the Acoustical Society of America, 71,* 1242–1248.

Nejime, Y., & Moore, B. C. (1998). Evaluation of the effect of speech-rate slowing on speech intelligibility in noise using a simulation of cochlear hearing loss. *Journal of the Acoustical Society of America, 103,* 572–576.

Pichora-Fuller, M. K. (2008). Use of supportive context by younger and older adult listeners: Balancing bottom-up and top-down information processing. *International Journal of Audiology, 47,* S72–S82.

Pichora-Fuller, M. K., Schneider, B. A., & Daneman, M. (1995). How young and old adults listen to and remember speech in noise. *Journal of the Acoustical Society of America, 97,* 593–608.

Powell, J. A., Hale, M. A., & Bayer, A. J. (1995). Symptoms of communication breakdown in dementia: Carers' perceptions. *European Journal of Disorders of Communication, 30,* 65–75.

Salthouse, T. A. (1993). Effects of aging on verbal abilities: Examination of the psychometric literature. In L. L. Lights & D. M. Burke (Eds.), *Language, memory, and aging* (pp. 17–35). New York: Cambridge University Press.

Santo Pietro, M . J., & Ostuni, E. (2003). *Successful communication with Alzheimer's disease patients: An in-service manual* (2nd ed.). Newton, MA: Butterworth–Heinemann.

Schmitt, J. F., & Moore, J. R. (1989). Natural alteration of speaking rate: The effect of passage comprehension by listeners over 75 years of age. *Journal of Speech and Hearing Research, 32,* 445–450.

Schneider, B. A., Daneman, M., & Murphy, D. R. (2005). Speech comprehension difficulties in older adults: Cognitive slowing or age-related changes in hearing? *Psychology and Aging, 20,* 261–271.

Schneider, B. A., Daneman, M., Murphy, D. R., & Kwong-See, S. (2000). Listening to discourse in distracting settings: The effects of aging. *Psychology and Aging, 15,* 110–125.

Schneider, B., Daneman, M., & Pichora-Fuller, M. K. (2002). Listening in aging adults: From discourse comprehension to psychoacoustics. *Canadian Journal of Experimental Psychology, 56,* 139–152.

Soederberg Miller, L. M., Stine-Morrow, E. A. L., Kirkorian, H. L., & Conroy, M. L. (2004). Age differences in knowledge-driven reading. *Journal of Educational Psychology, 96,* 811–821.

Thornton, R., & Light, L. L. (2006). Language comprehension and production in normal aging. In J. E. Birren & K. W. Schaie (Eds.), *Handbook of the psychology of aging* (6th ed., pp. 261–287). San Diego, CA: Elsevier.

Tun, P. A. (1998). Fast noisy speech: Age differences in processing rapid speech with background noise. *Psychology and Aging, 13*, 424–434.

Tye-Murray, N. (2004). *Foundations of aural rehabilitation: Children, adults, and their family members* (2nd ed.). Clifton Park, NY: Delmar Learning.

van Rooij, J. C. G. M., & Plomp, M. (1990). Auditive and cognitive factors in speech perception in elderly listeners. II: Multivariate analyses. *Journal of the Acoustical Society of America, 88*, 2611–2624.

Wennerstrom, A. (2001). *The music of everyday speech: Prosody and discourse analysis.* New York: Oxford Press.

Willott, J. F. (1991). *Aging and the auditory system: Anatomy, physiology, and psychophysics.* San Diego, CA: Singular.

Wingfield, A., Alexander, A. H., & Cavigelli, S. (1994). Does memory constrain utilization of top-down information in spoken word recognition? Evidence from normal aging. *Language and Speech, 37*, 221–235.

Wingfield, A., Lahar, C. J., & Stine, E. A. L. (1989). Age and decision strategies in running memory for speech: Effects of prosody and linguistic structure. *Journal of Gerontology: Psychological Sciences, 44*, P106–P113.

Wingfield, A., Lindfield, K., & Goodglass, H. (2000). Effects of age and hearing sensitivity on the use of prosodic information in spoken word recognition. *Journal of Speech, Language, and Hearing Research, 43*, 915–925.

Wingfield, A., Poon, L. W., Lombardi, L., & Lowe, D. (1985). Speed of processing in normal aging: Effects of speech rate, linguistic structure, and processing time. *Journal of Gerontology, 40*, 579–585.

Wingfield, A., Wayland, S. C., & Stine, E. A. L. (1992). Adult age differences in the use of prosody for syntactic parsing and recall of spoken sentences. *Journal of Gerontology: Psychological Sciences, 47*, P350–P356.

Yonan, C. A., & Sommers, M. S. (2000). The effects of talker familiarity on spoken word identification in younger and older listeners. *Psychology and Aging, 14*, 88–99.

Yorkston, K. M., & Beukelman, D. R. (1984). *Assessment of intelligibility of dysarthric speech.* Austin, TX: Pro-Ed.

Yost, W. (2007). *Fundamentals of hearing: An introduction* (5th ed.). Burlington, MA: Academic Press.

第四章
阅读理解

Angela N. Burda 博士,认证言语治疗师

Jill L. Champley 博士,认证言语治疗师

阅读可以让我们学到知识,对许多人来说,阅读同时也是一项愉悦的休闲活动(McEvoy & Vincent,1980)。认为自己喜欢阅读的人很多,尤其是老年人(Boulton-Lewis;Buys & Kitchin,2006;Peppers,1976)。阅读所涉及的能力非常宽泛,需要系统地理解一串串字母的含义(Beeson & Hillis,2008)。我们可以阅读和理解各种来源的信息,如书籍杂志、菜单上的菜品饮品以及药物说明书。对于老年人来说,在学习使用新技术,越来越多地接触医疗信息和复杂的个人理财系统时,拥有充分的阅读理解能力变得越来越重要(De Beni, Palladino, Borella & Lo Presti,2002;Harris, Rogers & Qualls,1998)。阅读需要快速识别语义和字形输入(Carlisle,2003;Kamhi & Catts,1999;Nagy, Anderson, Schommer, Scott & Stallman,1989;Napps,1989)。一些认知方面的能力也会影响阅读理解(Daneman & Carpenter,1980;Qualls & Harris,2003;参见第二章"认知内容")。这并不奇怪,因为如果人们不能记住自己所读的内容,他们的理解就会下降。关于理解能力的增龄性变化,有很多理论观点值得牢记(参见第一章"理论观点")。除非出现阅读障碍,否则人们通常不会对阅读过程多加思索。

本章将讨论老年人通常应该有怎样的阅读理解能力,哪些因素会对老年人的阅读理解产生负面影响,出现哪些迹象时需要转诊给言语治疗师或其他医学专家,以及哪些策略有助于维持和提高老年人的阅读理解能力。本章末尾的"要点速览"对一些重要知识点进行了总结归纳。

老年人的正常阅读理解能力

　　言语治疗师在治疗成人患者时必须评估其语言理解和表达能力。语言领域非常宽泛,很多评估方法都会对该领域进行细分,将之划分为不同的部分(如阅读理解、书写等)进行测试,并且多按等级进行。因此,本质上都是先从简短的指令和/或回答开始,再逐步过渡到更长、更复杂的测试(LaPointe & Horner,1998)。在市面上的一些成人量表中,阅读理解测试通常包括:将单词和句子与图片匹配,选择正确的单词完成句子填空,选择适当的信息填写问卷,执行书面命令,阅读句子和故事并回答问题,以及回答与功能性读物(如药瓶标签)有关的问题(Bayles & Tomoeda,1993;Helm-Estabrooks,1992;Kertesz,2006;LaPointe & Homer,1998;Schuell,1973)。

　　我们很难找到关于神经功能完好的老年人的阅读理解能力的信息。很多调查研究不一定纳入了言语病理学量表中的临床测试,如前文提到的临床测试(将单词与图片匹配等)。很多量表都未系统地将老年人纳入标准化流程,也未在量表手册中说明常模人群的年龄(Schuell,1973)。有些常模团体的选取可能还很成问题。比如第三章所讨论的“失语症语言操作量表”的常模团体全部由囚犯组成(Keenan & Brassell,1975)。该量表作者表示,他们想要能粗略代表退役军人患者之能力的受试者,他们认为这些患者中既有未受过高等教育的人,也有不太聪明的人。尽管将社会经济地位和智力水平各异的成年人纳入测试标准化流程是有益之举,但选取被监禁者却不能为正常的语言表现树立良好范例,因为刑事系统中的许多人都有语言障碍(Blanton & Degenais,2007)。有些量表纳入了老年常模,却不一定将之作为单独的对照组。但是,从一些特例和量表手册中的信息,以及文献中的经验数据,可以获得关于神经功能完好的老年人应该拥有的正常阅读理解能力的一般指导。

　　如第三章所述,有两个量表,即“失语症诊断性评量”(Helm-Estabrooks,1992)和“亚利桑那州认知症交流障碍检查法”(Bayles & Tomoeda,1993),将老年人纳入了标准化流程。“失语症诊断性评量”的数据来自 40 名 20～99 岁的神经功能完好者。尽管这些人中有 11 人年龄在 60～99 岁,但该量表作者并未提供各年龄组的常模数据。“失语症诊断性评量”的“阅读”测试项目要求患者阅读患者信息表并回答问题。该测试项目的第一部分要求以填空形式提供履历信息

(如姓名、地址);第二部分的问题包括年龄范围、婚姻状况和子女数量等,患者需选择相应答案。"失语症诊断性评量"量表手册显示,在标准研究中,神经功能完好者在总分 30 分的情况下平均得分 22.4 分(标准差＝13.1),正确率为 75%。"失语症诊断性评量"的许多测试项目均使用了多向度评量法,回答的及时性也计入得分。虽然量表手册中未作说明,但是常模人群很可能能理解所读内容并选择正确答案,只不过回答较慢,因而得分偏低。

"亚利桑那州认知症交流障碍检查法"(Bayles & Tomoeda,1993)是老年人在规范研究中作为独立对照组的为数不多的量表之一。该量表的"阅读理解"测试项目旨在评估受试者单词和句子层面的理解程度。在进行单词层面的测试时,受试者必须从四幅图片中选择一幅与书面单词相匹配的图片(如,虫子、警察、等待)。在进行句子层面的测试时,受试者先阅读一个句子(例如,"男孩在扔球"),然后为一个问题(例如,"他扔了什么?")选择正确答案,可能会有四种答案(例如,一只铃铛、一些球、一只球、男孩)。在共 8 题的单词—图片匹配测试项目中,标准化样本的老年人(平均年龄＝70.44 岁,标准差＝17.07)平均答对了 7.9 题(标准差＝0.7),正确率为 99%。该得分与作为标准化样本的青年常模得分无明显差异。在一共 7 题的句子测试项目中,神经功能完好的老年人平均答对了6.4 题(标准差＝0.5),正确率为 91%。该得分略低于青年常模得分,后者在该测试项目上平均答对了 6.9 题(标准差＝0.3),正确率为 99%。

除了从标准化测试中收集信息,研究人员还针对老年人的阅读能力进行了调查。人们对单词的理解能力似乎不会随着年龄而改变(Stine-Morrow,Milinder,Pullara & Herman,2001);而关于人们句子理解能力的调查结果则比较模糊。有些研究人员发现,老年人能很好地理解和回忆句子;但也有些研究人员称,老年人在理解和回忆句子时比较困难(Stine-Morrow;Milinder et al.,2001)。关于阅读速度的研究表明,与年轻人相比,老年人阅读书面材料和在线信息的速度通常更为缓慢(Connelly,Hasher & Zacks,1991;Hartley,Stojack,Mushaney,Kiku Annon & Lee,1994)。

最近有很多关于老年人阅读能力的研究。其中,由 Champley(2005)实施的一项研究,旨在测试 65 岁及以上老年人的解码、词汇、语音意识和语素意识能力。为测试"解码"能力,受试者需完成"Woodcock 阅读精通程度测试(修订版)"(Woodcock,1998)中的"词义猜测"和"单词识别"测试。在"单词识别"测试中,受试者需要"自然阅读"某一给定单词,无论是否理解单词含义。在"词义猜测"测试中,受试者需要阅读无意义的词汇或出现频率较低的词汇。这两项测试额定的平均分都是 100 分(标准差=15)。老年人在"单词识别"测试中的标准平均分为 106.78(标准差=10.26),在"词义猜测"测试中的标准平均分为 102.27 分(标准差=11.02)。这两个分数都略高于量表记载的平均分。之后,Champley(2005)使用"Nelson-Denny 阅读测验"(Brown,Fishco & Hanna,1993)中的词汇测试对阅读词汇进行了衡量。受试者有 15 分钟的时间来回答描述给定单词含义的多项选择题。对照规范量表进行评分,总分 258 分,老年人平均得分为 241.98 分(标准差=18.96)。

语音意识包括使用各种活动(如押韵或将单词分割成音素等方法)来处理各个音素和单词的能力(National Institute for Literacy,2003)。为了评估语音意识,Champley(2005)使用了由 Moran 和 Fitch 设计的两种非标准化量表(2001)。在"音素交换"任务中,老年人将听到首个音素互相颠倒的两个单词,并需要在 7 秒内说出目标词组。例如,对于"dasta pish",受试者需答出"pasta dish(意大利面食)"。"单词倒读"测试中的单词如果倒着读将变成另一个单词。老年人在听到一个单词后,需在 3 秒钟内说出倒读形成的正确单词。例如,"kiss"(吻)倒读变成"sick"(生病的)。各测试项目的原始总分为 20 分。在"音素交换"测试中,老年人平均得分为 9.15 分(标准差=6.54),正确率为 46%。在"单词倒读"测试中,老年人平均得分为 6.42 分(标准差=5.68),正确率为 32%。总的来说,受试者在这两项测试上的表现差异很大。这两项测试都有时间限制,可能是导致老年人总体平均成绩偏低的原因。

Champley(2005)用了两个量表来测试老年人的语素意识——即利用词义知识拼写和理解单词的能力。第一个量表是经修订的"语素结构测试"(Carlisle,2000)。该量表题型是:一个目标词原形,如"rely"(依靠)、"major"(较多的),后接一个不完整的句子,受试者需根据该原型想出其派生形式,如:"reliable"(可靠的),"多数"(majority),并在 3 秒钟内完成句子填空。第二种语素意识量表是"派生关系量表"(Katz,2004;Nagy,Berninger,Abbott,Vaughan & Vermeulen,2003),这是一种非标准化量表。该量表中列有每两个单词一组的词汇表,每组单词分别是单词原型和目标词,两者之间可能存在拼写和/或语音变化。受试者需判断每组词中的第一个单词是否是从第二个单词派生出来的,例如,teacher(教师)——teach(教学),single(单个的)——sing(唱歌)。这两个量表都有原始分值,每个量表的总分均为 20 分。在语素结构测试中,老年人的平均得分为

18.28分(标准差＝2.82),正确率为91%;在派生关系量表中,老年人的平均得分为19.06分(标准差＝1.12),正确率为95%。

前面第三章已经提过,Burda 在 2007 年曾进行过一项研究(将 31 名 65 岁及以上的受试者分成了 3 个年龄组:初老组、老年组和耄耋组),要求受试者完成言语治疗师在临床评估中会用到的多项阅读理解测验。这些测验包括:将单词和图片匹配,将句子和图片匹配,选择最适合的单词完成句子填空,并在听完一个关于男人用吸尘器打扫卫生的短篇故事(共有 7 句话)后回答问题。受试者还需要在阅读相关材料后回答一些问题,这些阅读材料的内容是:杂货店广告(如:"一磅汉堡多少钱?")、煤气费账单(如:"支付期限到什么时候?"),以及儿子向母亲转达的电话留言(如:"留言是给谁的?")。表 4-1 列出了各年龄组的研究结果。

表 4-1　阅读理解测验平均表现

测　验	总计*	初 老 组			老 年 组			耄 耋 组		
		平均分	标准差	%**	平均分	标准差	%**	平均分	标准差	%**
单词与图片匹配	10	10.0	0.0	100	10.0	0.0	100	10.0	0.0	100
句子与图片匹配	10	10.0	0.0	100	9.8	0.6	98	9.9	0.3	99
句子填空	10	8.2	1.2	82	8.7	1.5	87	8.9	1.4	89
短篇小说问题	10	9.7	0.5	97	9.5	0.8	95	9.6	0.7	96
杂货店广告	10	9.7	0.7	97	8.8	1.5	88	9.8	0.4	98
煤气费账单	10	8.4	1.1	84	7.6	1.5	76	7.2	1.8	72
给母亲的留言	10	8.8	1.1	88	8.6	1.0	86	8.6	1.2	86

注:　*为总分。**为正确率。
资料来源:Burda(2007)。

如表 4-1 所示,所有受试者在大多数测验上的准确率都很高。其中,他们在单词与图片匹配和句子与图片匹配、阅读短篇故事后回答问题以及回答与杂货店广告相关的问题方面得分最高;在句子填空、回答"给母亲的留言"的问题,尤其是回答煤气费账单问题上,得分较低。煤气费账单方面答题表现不佳可能与账单的整体易读性有关。该账单上的信息不太好找,且版面小于杂货店广告。除煤气费账单以外,在其他方面,各年龄组之间没有显著差异。事实上,在句子填空和杂货店广告测验上,耄耋组的平均得分还高于两个较年轻年龄组的受试者。此外,三个年龄组的表现没有统计学意义上的差异。应当指出的是,该项试验性研究的样本量很小。

总之,成人语言量表常模数据和一些研究中包含的信息显示,老年人应该能够准确地将单词和句子与图片相匹配,并在阅读完一个句子或短篇故事后准确回答问题。虽然他们应该能够完成有关自身信息的问卷,选择单词完成书面句子填空,并回答与功能性读物相关的问题,但是与前述测验项目相比,他们在这些方面的得分可能更低或变化更大。无论是阅读纸质读物还是在线读物,老年人的阅读速度都比年轻人慢。他们在语音意识测验上表现不佳,而且差异显著;不过,这些测验的时间限制也可能对他们的成绩造成了不利影响。老年人在解码、阅读词汇和语素意识方面表现出色。请务必牢记,神经功能完好的老年人的能力水平可能远超本文之描述,因为以上信息仅仅是基于有限的可用数据而得到的。人们需要进行更多的研究,以更完善地记录老年人的该等能力。

影响老年人阅读理解的因素及问题迹象

有一些因素会对老年人的阅读理解能力产生负面影响。任何该等因素的存在均可能导致老年人在言语治疗师经常对其使用的量表(如"简易精神状态检查量表")上表现不佳(Folstein,Folstein & Fanjiang,2001;Mayeaux et al.,1995)。许多该等因素会相互重叠。75 岁及以上的人阅读量小于 65~74 岁的人。这种阅读习惯的变化可能与健康状况退步、感觉障碍增加和/或教育水平的世代差异有关(Fisher,1986)。视觉是一个变化显著的方面。随着年龄的增长,眼内晶状体日益浑浊并开始变黄,传导到视网膜的光线越来越少(Smith,1993)。因此,老年人在视敏度和视觉调节方面会有更大的障碍。视敏度是指眼睛分辨细微结构(如小字)的能力,而视觉调节是指晶状体的形状调节能力,有了这种能力,我们的眼睛才能看清楚远处的物体(Smith,1993)。老年人表现出对比敏感度降低(Rubin,Roche,Prasada-Rao & Fried,1994),并会罹患老花眼——与年龄相关的近距离观物能力下降。老年人的视野也会变小,这使得他们在微弱光线下很难看清东西(Fozard,Wolf,Bell,McFarland & Podolsky,1977)。这种视觉变化给阅读带来了更多困难。

一些研究人员对老年人的认知功能和语言技能对其阅读能力的影响进行了研究。研究发现,具有较大工作记忆容量和/或较大词汇量的人能够回忆起更多读过的信息(Stine-Morrow,Loveless & Soederberg,1996;Stine-Morrow,Miller & Leno,2001)。擅长阅读的老年人有着更好的语言能力(Meyer,Young & Bartlett,1989),这些能力加上一些阅读技巧可以抵消衰老引起的阅读障碍

(Stine-Morrow,Milinder et al.,2001)。许多研究人员称,老年人工作记忆容量的减少将导致其阅读能力下降(De Beni et al.,2002;Meyer,Marsiske & Willis,1993;Smiler,Gagne & Stine-Morrow,2003;Waters & Caplan,2001)。比如,他们将更难理解语法复杂的句型(Kemper,1987)。研究发现,85 岁及以上老年人的工作记忆衰退得最严重(De Beni et al.,2002)。快速处理书面信息的能力似乎会随着年龄的增长而变慢(Gausman Benson & Forman,2002),且老年人通常比年轻人更容易分心(Meyer,Marsiske & Willis,1993)。所以,老年人在阅读时需要花费更多的时间和精力(Smiler et al.,2003)。

健康、教育水平和就业状况也会影响老年人的阅读能力。健康状况较差的人阅读时更困难(Dewalt,Berkman,Sheridan,Lohr & Pignone,2004;Weiss,Hart,McGee & D'Estelle,1992),与健康的同龄人相比,他们阅读的可能性更低(Fisher,1986)。受教育程度较高的老年人往往具有更好的阅读理解能力(Gausman Benson & Forman,2002),而那些被认定为阅读理解能力差或不阅读的人(即过去 6 个月内没有阅读过任何书籍、报纸或杂志的人),通常受教育程度较低(De Beni et al.,2002;Gazmararian et al.,1999;McEvoy & Vincent,1980)。一些老年人受过的正规教育可能不如后代(McEvoy & Vincent,1980),因为他们中的许多很小就辍学参军了(Elder,1986)。有工作或积极从事志愿工作的老年人往往也有着更好的阅读能力(National Center for Education Statistics,1999)。

读物类型和文章结构会影响老年人的理解。老年人很难理解医疗相关信息,包括医疗程序说明、医疗补助申请、药瓶上的说明和知情同意书(Gausman Benson & Forman,2002)。老年人的这一阅读困境可能会产生可怕的后果,比如,不能按医嘱服药。一些研究表明,与记叙文相比,老年人更能理解说明文(如报纸)(Champley,Scherz,Apel & Burda,2008;Harris et al.,1998;Zelinski & Gilewski,1988)。之所以会如此,可能部分归功于老年人掌握的知识(Leslie & Caldwell,2001)以及对说明文的经常接触(Smith,1993,1996)。在最近一项针对老年人阅读理解能力的研究中,研究人员使用了一篇描述超声波的说明文和一篇关于安德鲁·卡耐基(Andrew Carnegie)(译者注:美国"钢铁大王")的记叙文(Champley et al.,2008)来进行测试。受试者在说明文的理解上得分较高,这或许是因为他们中的一些人以前接触过超声波。另外,老年人经常阅读报纸和杂志,因而熟悉这种文体(Champley et al.,2008;Smith,1993,1996)。但并非所有的研究人员都发现了与此相同的结果。有一项研究报告称,70 岁及以上的老年人对记叙文有足够的阅读理解能力,但很难理解说明文(De Beni et al.,2002)。如果文章结构不好,老年人无法识别或使用,其理解和回忆表现可能就较差(Meyer,1987;Yussen & Glysch,1993)。某类读物通常遵循特定类型的结构。举个例子,史实类文章倾向于遵循时间顺序,而科普类文章则先介绍课题的背景信息,然后再提供潜在的解决方案(Meyer,1987)。

尽管存在增龄性认知和感知能力衰退,普遍阅读障碍现象却不应发生在大多数老年人身上,他们应该仍能继续自己的日常阅读任务(De Beni et al.,2002;Smith,1993)。但是,如果老年人出现以下一些迹象,即表明其有阅读障碍,应转诊给言语治疗师或其他医疗专家。当老年人公开抱怨不记得自己读过什么,或者无法看清文字或进行阅读时,需要将其转诊给医生,可能还需要转诊给言语治疗师和验光师。即使老年人没有这样的抱怨,他们仍然会流露出一些阅读障碍迹象。如果他们越来越答不出与最近阅读的读物(如报纸或杂志文章、书籍)相关的问题,去前述医疗专家处就诊可有所帮助。如果老年人朗读或读出声音时总是习惯性出错,可能是潜在神经损伤的征兆(Hillis & Tuffiash,2002)。阅读习惯的改变也可能意味着一些问题。如果老年人不再阅读,可能是视力问题的征兆,也可能表明他们有些抑郁,不再对以前喜欢的活动感兴趣(Smith,1993)。

有助于老年人阅读理解的策略

有一些策略可以提高老年人的阅读理解能力。首先,需要解决视觉问题。此外,应尽可能提供最理想的阅读环境。具体来说,应最大限度地排除干扰因素(Connelly et al.,1991),并且阅读区应该有适当的照明(Smith,1993)。虽然光线太暗显然不利于阅读,但是光线太亮也会晃眼(Smith,1993)。使用放大镜和字体较大的读物有利于阅读(Becker,Hans-Werner,Schilling & Burmedi,2005)。此外,还应给老年人留出尽可能多的时间,让其进行阅读,以便他们能够充分理解目标信息(De Beni et al.,2002;Meyer,1987)。

教老年人使用一些专门的策略可以提高其阅读理解能力。可能有效的策略包括:将他们正在阅读的内容与他们已有的知识联系起来,提前确定阅读某种读物的目的;对正在阅读的内容作出预测,检查整篇文章中观点的一致性,以及使用文章周边词汇来帮助确定不认识的单词的意思(Miholic,1994);学习辨认和利用文章的结构也有助于理解和回忆(Meyer,1987)。这里我们仍用前文所举的例子来作说明。如果老年人阅读的是史实类文章,他们会知道文章肯定是按照时间顺序来写的;如果阅读的是科普类文章,他们预测文章会先介绍课题的背景信息,接着给出课题的解决方案(Meyer,1987);而如果阅读的是报纸文章,则其预期文章会详细说明时间、地点、人物和经过(Meyer,1987)。为了弄清楚意思,老年人往往会将整篇文章重读一遍(Champley et al.,2008)。虽然这种方法可能很有好处,但有时效率太低(Zabrucky & Moore,1994)。因此,我们应该教导他们有选择地重读自己难以理解或难以记住的部分(Zabrucky & Moore,1994)。使用记忆策略可能也会有所帮助(Smith,1993)。例如,老年人可以写下他们正在阅读的文章的主要观点和/或细节,或者在心里背诵他们想要记住的内容。

对老年人的阅读理解有帮助的另一种方法是持续阅读。持续阅读有助于他们保持活跃和敏锐的思维,并延缓任何可能出现的增龄性阅读能力衰退(Harvey & Dutton,1979;Smith,1993)。要做到持续阅读,可以多参加一些阅读活动。有的人可能会选择阅读报纸和新闻类杂志之类的说明性读物,这些读物中有信息量大且相对简短的文章,可以快速阅读(Champley,2005),而有的人则可能更喜欢阅读小说或宗教题材的读物(Herzog,Kahn,Morgan,Jackson & Antonucci,1989)。据报道,在网上阅读的老年人能更好地回忆读过的内容,也能找出文中观点不一致之处,所以计算机的使用也能为阅读带来一定便利(Moore & Zabrucky,1995)。有助于提高老年人阅读理解能力的另一种方法是继续教育。通过上课或参加老年人游学营等活动,或去其他此类终身学习机构学习(Burda & Kuker,2008;Jamieson,2007),老年人将能接触到各种各样的读物和活动(Smith,1993)。

要 点 速 览

● **神经功能完好的老年人的正常阅读能力**
- 将单词和句子与图片准确匹配
- 读完一个句子或一个短篇故事后,准确回答问题
- 完成以下测试时,可能表现较差或变化较大
  ○ 填写有关个人信息的问卷
  ○ 选择合适的单词进行句子填空
  ○ 回答与功能性读物相关的问题
- 阅读纸质和在线读物的速度慢于年轻人

- 或许由于时间关系，他们在语音意识测验上表现不佳且差距明显
- 在解码、阅读词汇和语素意识方面表现出色
- 通常应该能够继续日常阅读任务

● **对老年人阅读有负面影响的因素**
- 视觉变化
  ○ 视敏度和视觉调节障碍
  ○ 罹患老花眼
  ○ 昏暗光线下视物不清
- 工作记忆容量减少
- 处理书面信息的能力下降
- 更容易分心
- 语言能力下降
- 健康状况不佳
- 受教育程度较低
- 失业和/或没有积极参与志愿工作
- 读物类型
  ○ 许多老年人很难理解医疗相关信息
  ○ 说明文（如报纸、杂志）可能比记叙文更容易理解
- 结构不好的文章

● **出现以下迹象时应将老年人转诊给言语治疗师或其他医疗专家**
- 公开抱怨不记得自己读过什么，或者无法看清或阅读
- 经常答不出与阅读的读物相关的问题
- 朗读或读出声音时习惯性出错
- 任何阅读习惯的改变，如不再阅读或阅读明显少于平时
  （注：如果怀疑患者视力受损，请转诊给验光师）

● **有助于老年人阅读能力的策略**
- 解决视觉问题
- 最大程度排除阅读环境中的干扰因素
- 确保充足照明，但光线太亮也会晃眼
- 提供放大镜
- 提供字体较大的读物

- 给老年人足够的时间，让其进行阅读
- 训练老年人使用以下技巧来提高阅读理解能力
  - 将正在阅读的内容与已有知识相联系
  - 提前确定阅读某一读物的目的
  - 对正在阅读的内容进作出预测
  - 检查整篇文章中观点的一致性
  - 使用文章周边词汇来帮助确定不认识的单词的意思
  - 学会辨认文章的结构
    - 史实类文章会按时间顺序来写
    - 科普类文章会先介绍课题的背景信息，然后提供课题的解决方案
    - 报纸文章会详细说明时间、地点、人物和经过
  - 选择性重读难以理解或难以记住的部分，或者重读整篇文章
  - 使用记忆策略，如写下或在心里背诵文章的主要观点和/或细节
  - 阅读在线读物
  - 持续阅读
- 鼓励老年人寻找受教育的机会，例如上课或参与老年人游学营或其他此类终身学习机构

思　考　题

1. 哪些认知方面的能力会影响老年人的阅读理解？
2. 为什么老年人使用计算机有助于其阅读？
3. 哪类信息可以用于探讨老年人晚年的成功扫盲？
4. 老年人不理解医疗相关信息可能会带来可怕的后果，对此，我们能做些什么来解决这种困境呢？

参　考　文　献

Bayles, K. A., & Tomoeda, C. K. (1993). *Arizona Battery for Communication Disorders of Dementia*. Tucson, AZ: Canyonlands Publishing.

Becker, S., Hans-Werner, W., Schilling, O., & Burmedi, D. (2005). Assistive device use in visually impaired older adults: Role of control beliefs. *Gerontologist, 45*, 739–746.

Beeson, P. M., & Hillis, A. E. (2008). Comprehension and production of written words. In R. Chapey (Ed.), *Language intervention strategies in aphasia and related neurogenic communication disorders* (5th ed., pp. 654–688). Baltimore, MD: Lippincott, Williams, & Wilkins.

Blanton, D. J., & Degenais, P. A. (2007). Comparison of language skills of adjudicated and nonadjudicated adolescent males and females. *Language, Speech, and Hearing Services in Schools, 38,* 309–314.

Boulton-Lewis, G. M., Buys, L., & Kitchin, J. L. (2006). Learning and active aging. *Educational Gerontology, 32,* 271–282.

Burda, A. N. (2007). *Communication changes in healthy aging adults.* Adele Whitenack Davis Research in Gerontology Award, University of Northern Iowa.

Burda, A. N., & Kuker, L. M. (2008). Communication changes in aging adults: Impact for lifelong learning. *Conference Proceedings of the Hawaii International Education Conference, 6,* 4656–4662.

Brown, J. I., Fishco, V. V., & Hanna, G. (1993). *Nelson-Denny Reading Test.* Itasca, IL: Riverside.

Carlisle, J. F. (2000). Awareness of the structure and meaning of morphologically complex words: Impact on reading. *Reading and Writing: An Interdisciplinary Journal, 12,* 169–190.

Carlisle, J. F. (2003). Morphology matters in learning to read: A commentary. *Reading Psychology, 24,* 291–322.

Champley, J. L. (2005). *An analysis of reading materials and strategies used by older adults.* Unpublished doctoral dissertation, Wichita State University, Kansas.

Champley, J., Scherz, J. W., Apel, K., & Burda, A. (2008). A preliminary analysis of reading materials and strategies used by older adults. *Communication Disorders Quarterly, 29,* 131–140.

Connelly, L. S., Hasher, L., & Zacks, R. T. (1991). Age and reading: The impact of distraction. *Psychology and Aging, 6,* 533–541.

Daneman, M., & Carpenter, P. A. (1980). Individual differences in working memory and reading. *Journal of Verbal Learning and Verbal Behavior, 19,* 450–460.

De Beni, R., Palladino, P., Borella, E., & Lo Presti, S. (2002). Reading comprehension and aging: Does an age-related difference necessarily mean impairment? *Aging Clinical and Experimental Research, 15,* 67–76.

Dewalt, D. A., Berkman, N. D., Sheridan, S., Lohr, K. N., & Pignone, M. P. (2004). Literacy and health outcomes: A systematic review of literature. *Journal of General Internal Medicine, 19,* 228–239.

Elder, G. H. (1986). Military times and turning points in men's lives. *Developmental Psychology, 22,* 233–245.

Fisher, J. (1986). Literacy usage among older adults. In K. Landers (Ed.), *Proceedings for the Annual Adult Educational Research Conference* (pp. 94–99). Syracuse, NY: ERIC Document Reproduction Service, No. ED 269 571.

Folstein, M. F., Folstein, S. E., & Fanjiang, G. (2001). *Mini-mental state examination: Clinical guide.* Lutz, FL: Psychological Assessment Resources, Inc.

Fozard, J. L., Wolf, E., Bell, B., McFarland, R. A., & Podolsky, S. (1977). Visual perception and communication. In J. E. Birren & K. W. Schaie (Eds.), *Handbook of the psychology of aging* (pp. 497–534). New York: Van Nostrand Reinhold.

Gausman Benson, J., & Forman, W. B. (2002). Comprehension of written health care information in an affluent geriatric retirement community: Use of the Test of Functional Health Literacy. *Gerontology, 48,* 93–97.

Gazmararian, J. A., Baker, D. W., Williams, M. V., Parker, R. M., Green, D., Scott, T. et al. (1999). Health literacy among Medicare enrollees in a managed care organization. *Journal of the American Medical Association, 281*, 545–551.

Harris, J. L., Rogers, W. A., & Qualls, C. D. (1998). Written language comprehension in younger and older adults. *Journal of Speech, Language, and Hearing Research, 41*, 603–617.

Hartley, J. T., Stojack, C. C., Mushaney, T. J., Kiku Annon, T. A., & Lee, D. W. (1994). Reading speed and prose memory in older and younger adults. *Psychology and Aging, 9*, 216–223.

Harvey, R. L., & Dutton, D. (1979). Reading interests of older adults. *Educational Gerontology, 4*, 209–214.

Helm-Estabrooks, N. (1992). *Aphasia Diagnostic Profile.* Dedham, MA: AliMed.

Herzog, A., Kahn, R., Morgan, J., Jackson, J., & Antonucci, T. (1989). Age differences in productive activities. *Journal of Gerontology, 44*, S129–S138.

Hillis, A. E., & Tuffiash, E. (2002). Neuroanatomical aspects of reading. In A. Hillis (Ed.), *The handbook of adult language disorders: Integrating cognitive neuropsychology, neurology, and rehabilitation* (pp. 15–25). New York: Psychology Press.

Jamieson, A. (2007). Higher education in later life: What is the point? *Aging and Society, 27*, 363–384.

Kamhi, A. G., & Catts. H. W. (1999). Language and reading: Convergences and divergences. In H. W. Catts & A. G. Kamhi (Eds.), *Language and reading disabilities* (pp. 1–24). Boston, MA: Allyn & Bacon.

Katz, L. A. (2004). *An investigation of morphological awareness to reading comprehension in fourth and sixth graders.* Unpublished doctoral dissertation, University of Michigan, Ann Arbor, MI.

Keenan, J. S., & Brassell, E. G. (1975). *Aphasia Language Performance Scales.* Murfreesboro, TN: Pinnacle Press.

Kemper, S. (1987). Syntactic complexity and elderly adults' prose recall. *Experimental Aging Research, 13*, 47–52.

Kertesz, A. (2006). *Western Aphasia Battery–Revised.* San Antonio, TX: Harcourt Assessment, Inc.

LaPointe, J. L., & Horner, J. (1998). *Reading Comprehension Battery for Aphasia* (2nd ed.). Austin, TX: Pro-Ed.

Leslie, L., & Caldwell, J. (2001). *Qualitative Reading Inventory–3.* New York: Longman.

Mayeaux, E. J. Jr., Davis, T. C., Jackson, R. H., Henry, D., Patton, P., Slay, L., & Sentell, T. (1995). Literacy and self-reported educational levels in relation to Mini-Mental State Examination scores. *Family Medicine Journal, 27*, 658–662.

McEvoy, G., & Vincent, C. (1980). Who reads and why. *Journal of Communication, 30*, 134–140.

Meyer, B. J. F. (1987). Reading comprehension and aging. *Annual Review of Gerontology and Geriatrics, 7*, 93–115.

Meyer, B. J. F., Marsiske, M., & Willis, S. L. (1993). Text processing variables predict the readability of everyday documents read by older adults. *Reading Research Quarterly, 28*, 234–249.

Meyer, B. J. F., Young, C. J., & Bartlett, B. J. (1989). *Memory improved: Reading and memory enhancement across the life span through strategic text structures.* Hillsdale, NJ: Lawrence Erlbaum Associates.

Miholic, V. (1994). An inventory to pique students' metacognitive awareness of reading strategies. *Journal of Reading, 38*, 84–86.

Moore, D., & Zabrucky, K. (1995). Adult age differences in comprehension and memory for computer-displayed and printed text. *Educational Gerontology, 21*, 139–150.

Moran, M. J., & Fitch, J. L. (2001). Phonological awareness skills of university students: Implications for teaching phonetics. *Contemporary Issues in Communication Sciences and Disorders, 28*, 85–90.

Nagy, W., Anderson, R. C., Schommer, M., Scott, J. A., & Stallman, A. C. (1989). Morphological families in the internal lexicon. *Reading Research Quarterly*, 24, 262–282.

Nagy, W., Berninger, V., Abbott, R., Vaughan, K., & Vermeulen, K. (2003). Relationships of morphology and other language skills to literacy skills in at-risk second-grade readers and at-risk fourth-grade writers. *Journal of Educational Psychology*, 95, 730–742.

Napps, S. E. (1989). Morphemic relationships in the lexicon: Are they distinct from semantic and formal relationships? *Memory and Cognition*, 17, 729–739.

National Center for Education Statistics. (1999). *Executive summary*. Retrieved March 22, 2004, from http://nces.ed.gov

National Institute for Literacy. (2003, June). *Put reading first: The research building blocks for teaching children to read*. Jessup, MD: Author.

Peppers, L. (1976). Patterns of leisure and adjustment to retirement. *Gerontologist*, 16, 441–446.

Qualls, C. D., & Harris, J. L. (2003). Age, working memory, figurative language type, and reading ability: Influencing factors in African American adults' comprehension of figurative language. *American Journal of Speech-Language Pathology*, 12, 92–102.

Rubin, G. S., Roche, K. B., Prasada-Rao, P., & Fried, L. P. (1994). Visual impairment and disability in older adults. *Optometry and Visual Science*, 71, 750–760.

Schuell, H. (1973). *Minnesota Test for the Differential Diagnosis of Aphasia* (2nd ed., revised by J. W. Sefer). Minneapolis: University of Minnesota Press.

Smiler, A. P., Gagne, D. D., Stine-Morrow, E. A. L. (2003). Aging, memory load, and resource allocation during reading. *Psychology and Aging*, 18, 203–109.

Smith, M. C. (1993). The reading abilities and practices of older adults. *Educational Gerontology*, 19, 417–432.

Smith, M. C. (1996). Differences in adults' reading practices and literacy proficiencies. *Reading Research Quarterly*, 31, 196–219.

Stine-Morrow, E. A. L., Loveless, M. K., & Soederberg, L. M. (1996). Resource allocation in on-line reading by younger and older adults. *Psychology and Aging*, 11, 475–486.

Stine-Morrow, E. A. L., Milinder, L., Pullara, O., & Herman, B. (2001). Patterns of resource allocation are reliable among younger and older readers. *Psychology and Aging*, 16, 69–84.

Stine-Morrow, E. A. L., Miller, L. M. S., & Leno, R. (2001). Patterns of on-line resource allocation to narrative text by younger and older adults. *Aging, Neuropsychology, and Cognition*, 8, 36–53.

Waters, G. S., & Caplan, D. (2001). Age, working memory, and on-line syntactic processing in sentence comprehension. *Psychology and Aging*, 16, 128–144.

Weiss, B., Hart, G., McGee, D., & D'Estelle, S. (1992). Health status among illiterate adults: Relation between literacy and health status among persons with low literacy skills. *Journal of the American Board of Family Medicine*, 5, 257–264.

Woodcock, R. W. (1998). *Woodcock Reading Mastery Tests–Revised*. Circle Pines, MN: American Guidance Service, Inc.

Yussen, S. R., & Glysch, R. L. (1993). Remembering stories: Studies of the limits of narrative coherence on recall. In S. R. Yussen & M. C. Smith (Eds.), *Reading across the life span* (pp. 293–321). New York: Springer-Verlag.

Zabrucky, K., & Moore, D. (1994). Contributions of working memory and evaluation and regulation of understanding adults' recall of texts. *Journal of Gerontology*, 49, 201–212.

Zelinski, E. M., & Gilewski, M. J. (1988). Memory for prose and aging: A meta-analysis. In M. L. Howe & C. J. Brainerd (Eds.), *Cognitive Development in Adulthood* (pp. 135–158). New York: Springer-Verlag.

第五章
语言表达

Angela N. Burda 博士,认证言语治疗师

通过用语言表达意思,我们每天可以完成很多事情,如:可以叫醒孩子去上学,祝伴侣拥有愉快的一天,在工作场所开会,回答同事关于即将开始的项目的问题,在商店询问物品价格,以及在餐馆点餐,等等。说话需要数项行为的快速和轻松结合。例如,在图片命名中,我们需要识别图片中的物体,回忆和选择相应的单词音系或拼写形式,然后进行单词发音(Nicholas,Barth,Obler,Au & Albert,1997)。虽然语言能力确实会随着年龄而变化,并且经常受到工作记忆等认知方面的影响(Kemper & Sumner,2001;另见第二章"认知内容"),但这些变化往往很微妙(Mortensen,Meyer & Humphreys,2006)。文献中记载了各种不同的理论观点,我们应该牢记其中与表达能力的增龄性变化相关的理论观点(参见第一章"理论观点")。

本章将讨论老年人有着怎样的语言表达能力,哪些因素会对老年人的语言表达能力产生负面影响,出现哪些迹象时需要转诊给言语治疗师或其他医学专家,以及哪些策略有助于提高老年人的语言表达能力。本章末尾的"要点速览"对一些重要知识点进行了总结归纳。

老年人的正常语言表达能力

言语治疗师有许多方法评估患者的语言能力。市面上的一些成人语言表达能力量表中含有多个语言测试项目(如命名、复述)。测试多按等级进行,本质上

都是先从简短的回答开始,再逐步过渡到更长、更复杂的测试(Bayles & Tomoeda,1993;Helm-Estabrooks,1992)。在对证命名中,受试者需要命名某一特定的人物、物体、地点或行为(Nicholas,Barth et al.,1997);言语治疗师通常会使用一些图片和物体。其他测试项目有:复述话语,描述或定义物体或图片中的物品(如钉子、梳子;Bayles & Tomoeda,1993)。语言流畅性测试,也称为"衍生性命名测试",要求患者在规定时间内说出属于某一类别的事物,例如,在一分钟内说出尽可能多的动物(Bayles & Tomoeda,1993)。言语治疗师可以收集患者的话语样本,通常可以在其回答问题或观看动作类图片(如"波士顿失语症诊断性检查法"中的"饼干失窃"图片)时收集(Goodglass,Kaplan & Barresi,2001;Helm-Estabrooks,1992;Kertesz,2006;Schuell,1973)。

　　我们很难找到关于神经功能完好的老年人语言表达能力的信息。尽管有一些研究探讨了老年人的语言表达能力,但其测试方法并不一定与言语病理学量表相一致。如第二章至第四章所述,并非所有量表都将老年人纳入了标准化流程;并且许多量表的评估手册都未说明常模人群的年龄(Schuell,1973)。有些量表确实纳入了老年常模,却不一定将之作为单独的对照组。但是,结合量表手册中的信息与文献中的经验数据,可以获得关于神经功能完好的老年人正常语言表达能力的一般指导。

　　第三章中提及的"失语症诊断性评量"(Helm-Estabrooks,1992)的数据来自40名20~99岁的神经功能完好的人员。尽管这些人中有11人年龄在60~99岁,但该量表的作者并未提供各年龄组的常模数据。"失语症诊断性评量"含有一些语言表达能力测试。在"语言流畅性"测试中,患者需要提供其在回答言语治疗师问题(如"告诉我具体发生了什么事"和"你能讲些什么有关肯尼迪总统的事迹?")时的话语样本。患者还需要描述一张描绘了杂货店所发生的各种事情的图片。言语治疗师将对患者图片描述中的"正确信息单元"和"单词总数"进行评分,从最长的语篇中得到一个"平均短语长度"的评分。虽然该测试项目没有满分分值,但是有信息单元和平均短语长度的常模数据,对于单词总数,则没有这样的常模数据。"命名"部分共有12张图片,图片上物品的名称"在词频、音节数量和音位复杂性方面各不相同"(Helm-Estabrooks,1992,第16页)。举例来说,图片上的物品有"key"(钥匙)、"thermometer"(温度计)等。该部分满分为36分。"复述"部分共有12个单词或短语,这些单词或短语在词频、长度和复杂性上也有所不同。举例来说,其中有"money"(钱)、"pizza"(比萨)和"A terrible tornado"(一阵可怕的龙卷风)等单词和短语。该部分满分为 36 分。最后一个部分是"唱歌",患者需要唱一首自己熟悉的与展示的图片(如美国国旗或生日蛋糕)相关的歌曲。该部分满分为 9 分。除了"语言流畅性"测试项目之外,很多测试项目都采用多向度评量法,会结合考虑回答的准确性或速度等方面。

"失语症诊断性评量"量表手册显示,在"语言流畅性"部分,常模样本中神经功能完好者平均短语长度为 14.7 个单词(标准差＝5.2),平均信息单元为 21.6 个(标准差＝8.8)。在总分 36 分的"命名"部分,其平均得分为 35.4 分(标准差＝1.8);在总分 36 分的"复述"部分,其平均得分 35.9 分(标准差＝0.5);在总分 9 分的"唱歌"部分,其平均得分为 9.0 分(标准差＝1.1)。总的来说,20～99 岁神经功能完好的受试者在"语言流畅性"测试中提供了很长短语的样本,并说出很多正确的信息单元。他们在"命名""复述"和"唱歌"三个部分的最低正确率也达到了 98%。

我们在第二章至第四章提过的"亚利桑那州认知症交流障碍检查法"(Bayles & Tomoeda,1993)中选取了老年人(平均年龄＝70.44 岁,标准差＝17.07)作为独立对照组。该量表通过以下测试项目来评估语言表达能力:"复述""对象描述""衍生性命名—语义类""对证命名"和"概念定义"。在"复述"部分,患者需复述长度为 6 或 9 个音节的无意义短语(例如,"Incapable top spoons")。Bayles 和 Tomoeda(1993)称,标准化样本中的老年人在总共 75 题的情况下,平均正确复述了 67.9 题(标准差＝7.0),正确率为 91%。标准化样本中还有青年常模团体,该团体平均正确复述了 73.7 题(标准差＝2.1),正确率为 98%。在"对象描述"部分,患者需要尽可能完整地对指甲进行描述。虽然该部分未给出总分,但是常模团体中的老年人平均提供了 9.1 条(标准差＝2.4)描述指甲的信息,而年轻人平均提供了 10.9 条(标准差＝2.1)描述指甲的信息。在"衍生性命名—语义类"部分,患者需要在一分钟内说出尽可能多的交通方式。与"对象描述"部分一样,该部分也未给出总分;但是,常模团体中的老年人平均说出了 11.4 种(标准差＝3.4)交通方式,而年轻人平均说出了 13.4 种(标准差＝3.2)交通方式。在"对证命名"部分,患者需要说出 20 张图片上的物品,如"toothbrush"(牙刷)、"stethoscope"(听诊器)、"broom"(扫帚)等。在这 20 个物品中,老年人平均准确说出了 18.1 个(标准差＝2.3),正确率为 91%,而年轻人平均准确说出了 18.6 个(标准差＝1.1),正确率为 93%。在"概念定义"部分,患者需要定义图片中注明名称的物品(例如,言语治疗师可能会要求其"说说梳子的定义")。该部分共有 60 题,老年人平均答对了 56.6 题(标准差=5.0),正确率为 94%,而年轻人平均答对了 57.8 题(标准差=2.9),正确率为 96%。

一些研究人员还对老年人的语言表达能力进行了研究。老年人尤其难以想起一些专有名称(Burke, Kester Locantore, Austin & Chae, 2004; Evrard, 2002)。据称,老年人认为这是最令他们烦恼和尴尬的问题(Lovelace & Twohig, 1990)。尽管老年人在某一时刻可能无法想起某个名字,但如果有足够的时间或换个场合,他们通常还是能想起这个名字的(Cohen & Faulkner, 1986)。他们难以想起的专有名称中最多的是朋友和熟人的名字;但这也反映了他们尝试回忆这些名字的频率比较高(Cohen & Faulkner, 1986)。有些人名,如"Snow White"(白雪公主),非常具有描述性;有些指向回忆对象的特征——如"Scrooge"(守财奴),或与某个产品同名——如"Kleenex"(纸巾品牌)、"Xerox"(打印机品牌)(Burke, Kester Locantore et al., 2004),可能更容易被想起来。

尽管老年人回忆专有名称有一定困难,但单词的回忆结果却不是非有即无(Cohen & Faulkner, 1986; Schwartz, 2002)。因而,他们常常能想起目标人名的部分信息。Cohen 与 Faulkner(1986)曾研究过老年人的专有名称记忆,发现他们通常能在头脑中形成目标人物的清晰形象,并回忆起该人物的已知特征,例如身体特征、在相同场合下遇到的其他人的姓名以及与其外貌相似者的姓名,等等。这种信息往往比姓名的语音特征(如首字母、主要元音、音节数或与目标人名读音吻合的部分)更容易被回忆起来。当老年人说出与目标人名相似的名字时,他们通常会意识到自己说错了。老年人有时会想起目标人物的名字,却想不起其姓氏,或相反;且不太常想起姓名的特点,比如,该姓名是否比较老式、独特或是否像外国人的姓名。尽管在回忆人名方面有困难,但老年人在回忆相关人员的职业或爱好以及地名方面却较为顺利,因为这些信息含有生动的关联意象,更便于理解和回忆(Cohen & Faulkner, 1986)。

Brown 和 McNeill(1966)曾对与专有名称相关的"舌尖现象"进行调研。他们在这一开创性研究中将"舌尖现象"定义为:知道某个词,回忆时感觉"呼之欲出"却又说不出来的情况(第 325 页)。Schwartz(2002)最近也指出,"舌尖现象"是指虽然暂时想不起某个目标词,但有一种熟知该词且过后定能想起的强烈感觉(第 5 页)。"舌尖现象"随着年龄的增长而增加,这种现象在回忆专有名词和不常使用的单词时最常出现(Brown & Nix, 1996; Burke, MacKay, Worthley &

Wade，1991；Cohen & Faulkner，1986；Mortensen et al.，2006；Rastle & Burke，1996；Schwartz，2002）。"舌尖现象"通常都以"踏破铁鞋无觅处，得来全不费工夫"的方式得到解决。这种情况是指：在你并没有主动努力回忆某个目标词的时候，这个词突然就在你的脑海中冒了出来（Cohen & Faulkner，1986）。老年人需要更长的时间来解决"舌尖现象"。Heine、Ober 和 Shenaut（1999）发现，如果给予足够的时间，80～92 岁老年人的所有"舌尖现象"问题几乎都能得到解决；不过，有时需要数小时才能解决。因此，当健康的老年人出现"舌尖现象"时，他们不一定是忘了这个词，只不过可能需要更长一段时间才能想起来（Heine et al.，1999）。

研究发现，在图片命名测试中，老年人的正确率、流利度和速度都低于年轻人（Au，Joung，Nicholas，Obler，Kaas & Albert，1995；Barresi，Nicholas，Connor，Obler & Albert，2000；Mortensen et al.，2006）。据报道，70 多岁的老年人表现最差（Feyereisen，1997；Nicholas，Obler，Albert & Goodglass，1985），反应也最差，与 60 多岁及 60 岁以下的人群相比有质的不同。举例来说，70 多岁和 80 多岁的老年人相较于比其年龄小的人说话时往往更喜欢绕圈子（Albert，Heller & Milberg，1988；Hodgson & Ellis，1998）。高频名字通常比低频名字更快被想起。这一点不足为奇（Allen，Madden & Crozier，1991；Gerhard & Barry，1999）。如果老年人想不出目标词时，他们往往会出现语义偏差、累赘陈述，并在找词时说一些评论，在此过程中，他们会准确地论述目标词的类别或语义特征（Hodgson & Ellis，1998；Nicholas，Obler et al.，1985；Nickels & Howard，1994）。此外，在图片命名测试中，老年人不太会出现啰唆和跑题现象（James；Burke；Austin & Hulme，1998），这可能是因为该测试相当容易且高度受限的缘故（Arbuckle；Nohara-LeClair & Pushkar，2000）。

一些研究人员曾使用"波士顿命名测试"（Kaplan；Goodglass & Weintraub，1983）来评量老年人的命名能力。波士顿命名测试中有 60 幅熟悉程度不同的物体线条画（如床、算盘）。Nicholas、Barth 及其同事（1997）的一项研究报告称，与年轻人相比，老年人在波士顿命名测试中的表现跨度更大。Connor、Spiro、Obler 及 Albert（2004）曾对一些受试者在波士顿命名测试中的表现进行了 20 年的跟踪评量。他们将受试者分为以下年龄组：30～39 岁、50～59 岁、60～69 岁、70～80 岁。如果受试者由于无法辨认图片（例如"它是一栋高层建筑"）而不能说出上面的物品（例如"手风琴"），这些研究人员会给出语义提示（例如"它是一种乐器")。如果回答不正确但语义相关(例如"钢琴"),他们会提供一个启发式提示(例如"还有别的吗?")。如果受试者仍然答不上来或回答有误,他们会提供读音提示,例如"acc-"(译者注:"手风琴"对应的英文单词的前三个字母)。这些研究人员发现,老年人的表现平均每 10 年下降两个百分点。尽管随着受试者年龄的增长,表现的下降速度略有加快,但这种下降仍很微妙,且变化速度因人而异。此外,尽管 60～69 岁和 70～79 岁的年龄组获得的读音提示最多,但所有年龄组都同样从提示中得到了帮助。

Mayr 和 Kleigl(2000)曾测试过老年人(平均年龄=69 岁)和年轻人(平均年龄=24 岁)的语言流畅性。他们在测试中使用了不同难度的语义类别。举例来说,简单类别有:衣服、食物和四条腿的动物;中等难度的类别有:厨房用具、鱼类和天气现象;困难类别有织物、交通标志和昆虫。Mayr 和 Kleigl 发现这些受试者一般很少出错。确有错误时,最常见的也不过是重复提及某一同类事物(例如,在说四条腿的动物时两次提及"狗"),但即使是老年人也很少表现出这种状况。通常情况下,在按序进行的困难类别的回忆测试快结束时,老年人确实明显比年轻人更经常地感觉到时间不够。

Kemper(1986)对老年人的复述能力进行了研究,他让老年人(70～89 岁)和年轻人(30～49 岁)复述了一些符合语法规则和不符合语法规则的带有子句的复合句。这些句子分别涵盖四种话题:烘烤饼干、在五金店工作、观看奥运会和种花。这些句子的语法正确程度、子句长度、子句位置(句首或句末)以及子句类型均有所差别。使用的四种子句分别为:动名词子句,"Baking tires me out(烘烤让我筋疲力尽)";"wh"开头的特殊疑问词引导的子句,"What I did interested my grandchildren(孙子孙女对我做的事很感兴趣)";"that"引导的子句,"That the cookies were brown surprised me(饼干是棕色的让我很吃惊)";以及关系子句,"My grandchildren enjoyed the cookies I baked(我的孙子孙女喜欢我烤的饼干)"。受试者可以纠正他们认为不合语法的任何句子。两组受试者大体都以合乎语法的方式复述了带有简短子句的句子。尽管老年人纠正了不合语法的句子,但他们犯的错误比年轻人多。他们也不能复述和改述结构较长的句子,特别是当子句处于句首和句子不合语法时,更是如此。比如这样的句子:"Baking ginger cookies for my grandchildren am tires me out(给孙子孙女们烤姜饼让我筋疲力尽;译者注:句中有语法错误,且子句位于句首)"。遇到这种情况,老年人在回答时通常会说一些不合语法的句子、评断性看法或个人联想。总的来说,老年人可以准确地模仿或改述短句,但是复述和改述句法结构复杂的长句存在明显的困难。

人们对老年人口的话语能力进行了广泛的研究,并通过各种测试来进行言语取样。在图片测试,如"波士顿失语症诊断性检查法"(Goodglass & Kaplan,1983)中的"饼干失窃"图片描述测试中,老年人会使用较为不确定的词,如"东西"(Cooper,1990;Obler,1980)。最近有两项研究也使用了图片来测试老年人的话语能力。其中,有一项研究是 Juncos-Rabadán、Pereiro 和 Soledad Rodríguez(2005)进行的,他们让不同年龄的成年人一边看描绘不同活动(例如遛狗、烧晚饭)的连环漫画一边讲故事。与中年人相比,尽管老年人表述了等量的故事内容,但他们使用的词汇更多,有明确指代对象的代词的比例更低,并且废话更多。另一项研究是由 Marini、Boewe、Caltagirone 和 Carlomagno(2005)进行的,他们让 20~84 岁的受试者描述"西方失语症成套测验"中的"野餐"图(Kertesz,1982)和两份连环漫画。年龄最大的一组(75~84 岁)表现差异最大,他们的错语和跑题现象较多,句法复杂性急剧下降,前言不搭后语(Marini et al.,2005)。尽管话语中的信息量随着年龄的增长而逐渐减少,但所有年龄组的叙述大体上都紧扣图片主题。此外,最大年龄组所描述的中心思想和细节的比例是 1:1。研究人员提出了如下假说:年龄越大者可能越善于构思主题和强调相关细节,从而能够更有效地描述和叙事。有意思的是,健康的老年人身上也有通常被认为是病态的言语特征,包括语法倒错性言语障碍、语义性错语和指代不清。

一些研究人员在研究老年人话语能力时采用了履历访谈的形式。James 及其同事(1998)发现,老年人叙述自己的履历时所用的词汇明显更多,跑题现象也更严重,但是研究人员认为他们的话语样本比年轻人更有趣,信息量也更大。老年人之所以会出现这种啰唆现象,部分原因可能是由于他们有不同的交流目标。他们尤其倾向于着重描述自己的个人体会,而不是陈述事实(James et al.,1998)。最近,Kemper、Marquis 及 Thompson(2001)整理出了一些老年人的自述履历资料,这些资料来自对 65~83 岁老年人的跟踪测评,测评的时间跨度是 7~17 年。第一次测评时,被测评者的年龄为 65~75 岁,最后一次测评时,被测评者的年龄为 79~83 岁。举例来说,测评中所提的问题有:"请描述对你人生影响最大的人"和"请描述发生在你身上的意外事件"。研究人员对老年人话语的命题密度和语法复杂性进行了测评。命题密度是指相应话语量所传递的信息量

(Kemper & Sumner, 2001)。最显著的语法复杂性和命题密度衰退(即,为传达信息需要说更多的话)发生在 74～78 岁,该年龄段前后的衰退则较为平缓。但是,老年人话语的语法复杂性和命题密度的初始水平以及他们的衰退水平存在相当大的个体差异。

一些研究人员还对操作语体进行了研究。North、Ulatowska、Malacuso-Haynes 及 Bell(1986)让老年女性组(平均年龄=76.2 岁)和中年女性组(平均年龄=45.6 岁)完成了三项操作语体测试。这三项测试的具体内容是:受试者对邮寄信件、擦鞋和在附近商店购物的所有步骤进行描述。在每项测试中,尽管老年女性提供的步骤不如中年女性多,但这两个年龄组的步骤顺序均准确无误(North et al., 1986)。

语言分析表明,相对句子的左分支结构,老年人更倾向于使用右分支结构。在左分支结构中,子句在主句的左边,例如,"The gal who runs a nursery school for our church is awfully young(管理我们教会托儿所的姑娘是非常年轻的)"。因此,必须记住"the gal"(姑娘)这个主语,主句"is"(是)部分则按预期出现在子句"who runs a nursery school for our church"(管理我们教会托儿所的)后面。在右分支结构的句子[例如,"She's awfully young to be running a nursery for our church"(她太年轻了,无法管理我们教会的托儿所)],每个子句均按顺序出现,且子句在主句的右边(Kemper, Marquis & Thompson, 2001)。左右分支结构的不对称可能反映了工作记忆的下降(Gibson, 1988)。

我们在第三章提过,Burda 在 2007 年曾进行过一项研究,她将 31 名 65 岁及以上的老年人分为三个年龄组:初老组(平均年龄=69.3 岁)、老年组(平均年龄=81.1 岁)和耄耋组(平均年龄=89.5 岁)。受试者完成了多种口头表达测试,包括图片(如镜子、钢笔)和物体(如口哨、勺子)命名;并完成了回应式命名测试——根据功能描述说出某样物体(例如,"在黑暗中用它来照明"对应的是"手电筒")。受试者还完成了同类事物发散联想测试——根据给定类别说出 5 个同类事物(例如,以字母"s"开头的单词,冷的东西)。共有 10 道类别试题。相较于较具体的类别(如食物、动物)来说,测试选用的类别性质更复杂。Burda 根据受试者的需要给予了他们足够的时间来完成所有测试。命名和描述测试项目选自《语言活动资料夹》第 2 版(Dressler, 2001)。同类事物发散联想测试选自《言语康复》第 4 版(Keith & Schumacher, 2000)。表 5-1 列出了各年龄组的测试结果。

如表 5-1 所示,受试者所有测试的准确率都很高。各年龄组之间没有显著差异,三个年龄组之间的表现也没有统计学意义上的差异。应当指出的是,该项试验性研究的样本量很小。

表 5-1　语言表达测验平均表现

测　验	总计*	初 老 组			老 年 组			耄 耋 组		
		平均分	标准差	%**	平均分	标准差	%**	平均分	标准差	%**
图片命名	10	10.0	0.0	100	9.7	0.6	97	9.8	0.4	98
物体命名	10	10.0	0.0	100	10.0	0.0	100	10.0	0.0	100
回应式命名	10	9.9	0.3	99	10.0	0.0	100	9.7	0.5	97
同类事物发散联想	50	49.8	0.4	99	49.4	0.8	99	49.2	1.4	98

注: * 为总分。** 为正确率。
资料来源:Burda(2007)。

　　总之,根据成人语言测试的标准数据和研究中包含的信息,老年人在完成对证命名、回应式命名、复述、物体描述、同类事物发散联想和唱歌测试方面准确率至少应该能达到 90%。尽管老年人在这些测试中的准确率很高,但他们的命名准确性、流利度和速度往往要低于年轻人,并且他们在波士顿命名测试中的表现(Kaplan et al.,1983)平均每 10 年会下降两个百分点。老年人很可能会难以回忆起他人姓名,并有更多的“舌尖现象”问题;然而,如果给他们足够的时间,他们通常仍可以回忆起目标人名或单词,不过有时可能需要数小时。在语言流畅性测试中,老年人应该能够平均说出属于给定类别的 11 个事物,且通常没有任何错误;但是,如果类别很难,他们较容易时间不够。如果他们确实说错了,往往也是重复了之前说过的内容。老年人可以准确地复述或改述短句,但在面对句法复杂的长句时却做不到这点。

　　话语研究表明,老年人在表达一个想法时,一般会比年轻人使用更多的词,说更多不相干的话。面临困难的任务时,如谈论不熟悉的话题、对说话内容几乎不作限制时,他们话语的流利度会下降。他们在谈话中也更容易跑题。然而,老年人在讨论熟悉的话题时却不会这么不流利,也不会很啰唆。在操作语体测试中,尽管他们按次序提供的步骤可能较少,但仍能恰当地完成该测试。65～80岁的健康老年人会出现语言能力下降,包括使用的语法形式、句法结构和动词时态变少。命题密度和语法复杂性的最快速衰退发生在 75 岁左右。此外,70 岁、80 岁人的回答往往没有 50 岁、60 岁人的回答复杂。老年人的话语中会表现出更多的单词回忆障碍。他们会说更多的填充语(例如"喔,你知道的")、非词汇性填充语(例如"呃""嗯")和重复的话,以掩饰单词回忆障碍和争取时间在脑海中搜索目标词。他们通常还会出现被视为病态的言语特征,如语法倒错性言语障碍、语义性错语和指代不清等。尽管言语能力会随着年龄的增长而变化,但据报道,这方面也不乏一些积极趋势。比如,老年人比年轻人的词汇量更大(见Verhaegen 相关研究,2003);他们的大部分语言技能在一生中都保持不变,或者说衰退得非常缓慢;他们的会话能力通常得到了很好的保持;语言异常的存在并不会使他们的讲话难以理解(Marini et al.,2005,Shadden,1997)。健康老年人的能力水平可能远超本文之描述,需要进一步的研究来更完善地予以记录。

影响老年人语言表达的因素及问题迹象

认知功能会影响老年人的语言表达。65～80 岁的老年人语言能力的衰退可部分归因于工作记忆的限制(Kemper,Marquis & Thompson,2001)。工作记忆容量减少和注意力下降会导致单词和人名回忆障碍(Cohen & Burke,1993),并导致言语句法复杂程度降低和更加冗长(Kemper,1986;Kemper & Sumner,2001;Kemper,Marquis & Thompson,2001;Kynette & Kemper,1986;Marini等,2005)。在面对有时间限制或需要大量认知资源的语言测试(如自主讲述或复述很长的复杂话语或讨论不熟悉的话题)时,受试者的语速将更慢,话语将更啰唆和/或更不流畅(Bortfeld,Leon,Bloom,Schober & Brennan,2001;Kemper,Herman & Lian,2003;Spieler & Griffin,2006)。与"简易精神状态检查量表"(Folstein;Folstein & McHugh,1975)得分较低者相比,在简易精神状态检查量表中得分较高的健康老年人在口述自身履历时词汇更统一,话语更长,每个语句中的从句更多,支离破碎的语句更少,而前者所说的句子较简短、支离破碎的语句较多(Mitzner & Kemper,2003)。此外,那些在数字测试(即数字复述)中得分较高者所说话语的语法复杂性可能更高,但是,与数字测试得分较低的老年人相比,话语能力下降得更快(Kemper,Marquis & Thompson,2001)。同样,词汇测试得分较高的健康老年人的话语往往表现出较高的命题密度,但这种能力比词汇测试得分较低者下降得更快(Kemper,Marquis & Thompson,2001)。然而,Connor 及其同事(2004)称,最初在波士顿命名测试中拥有较好表现的人(Kaplan et al.,1983),随着时间的推移会表现出较少下降,这可能表明了具有高水平智力、教育和从认知上来说更加积极的生活方式的人员有更多的大脑储备，或者能够更好地补偿其表现变化。信息处理效率亦会随着年龄的增长而降低，这让老年人更难从长期记忆中快速获取和检索信息（如目标词）（Kemper & Sumner，2001）。

健康、身体状况、受教育程度和词语习得年龄也是影响老年人语言表达能力的因素。如前所述，70 多岁的人所说语句的复杂性会降低，且需使用更多的词来表达自己的意思。这些变化可能与健康状况下降相关（Kemper；Marquis & Thompson，2001；Small & Backman，1999）。与身体状况不佳的老年人相比，身体状况较好的老年人所说的右分支结构子句和每句话中的子句更多，所说话语更长且语法更复杂（Mitzner & Kemper，2003）。当老年人感到疲惫、有压力或不适时，其无法回忆起名字的发生率和严重性会增加（Cohen & Faulkner，1986）。虽然受教育程度似乎对句子的准确复述没有什么影响（Kemper，1986），且对履历口述也没有什么影响（Mitzner & Kemper，2003），但受教育程度较低的老年人会表现出较差的命名能力（Connor et al.，2004；Neils，Baris，Carter，Dell'aira，Nordloh，Weiler & Weisiger，1995）。老年人的命名能力也可能受到其习得目标物体名称之年龄的影响（Gerhard & Barry，1999；Hodgson & Ellis，1998）。习得年龄是指习得单词的时间和单词在记忆中的保留时间（Hodgson & Ellis，1998）。Poon 和 Fozard（1978）曾对老年人和年轻人进行命名测试，要求他们说出以下物品的名称：独特的老式物品（如便盆）、独特的当代物品（如计算器）、常见的老式物品（如老式电话）和常见的当代物品（如现代电话）。老年人说出老式物品名称的速度快于当代物品，而年轻人则相反。最后，有一种理论认为，老年人之所以表现出更多的啰唆现象，是因为他们比年轻人更加与社会脱节；但是，很多研究并不支持这一理论（Mortensen et al.，2006）。

从一些迹象可以看出老年人有语言表达障碍，应将其转诊给言语治疗师（SLP）和/或其他医疗专家。如果老年人抱怨自己的语言能力或者注意到自己的口头交流能力出现了变化，则其应该去看医生和言语治疗师。突然说话含糊不清可能是中风或短暂性脑缺血发作（Al-Wabil，Smith，Moyé，Burgin & Morgenstern，2003）。短暂性脑缺血有时被称为"小中风"，症状通常在发病后24 小时内消失。如果老年人突然开始咬字不清，家庭成员或照护人员应立即拨打紧急求助电话，因为时间对于治疗中风至关重要（Zerwic，Young Hwang & Tucco，2007）。

意味着言语表达出现问题的其他迹象包括找词困难。虽然对健康的老年人来说,有一定程度的单词回忆障碍是正常的,但这种障碍也可能是神经问题的征兆,尤其是当这种障碍持续存在并随着时间而恶化时。如果老年人经常重复之前说过的话,也应该去看言语治疗师和医生。与出现单词回忆障碍一样,老年人偶尔会反复说起某些故事或事情;但是,如果频繁地这么做,则可能是潜在神经问题的征兆。老年人话语之语法复杂性的变化可能是认知障碍的迹象,不过,即使是认知症患者也能说出合乎语法的句子,并且尽管存在找词问题和记忆问题,但仍能表达大量信息(emper,Marquis & Thompson,2001)。此外,健康老年人的句法复杂性往往会随着年龄的增长而下降。尽管如此,让老年人去看医生和言语治疗师仍然是妥善的做法,可以确定其言语表达变化仅仅是由衰老造成的,还是由神经功能缺损造成的。有言语表达障碍的老年人可能会回避以前喜欢的社交等活动。不再参加以前喜欢的活动也可能是抑郁症的征兆(Markowitz,2008),需要进行全面的医学评量。如果出现上述任何迹象,去看相关医疗专家可有所帮助。

有助于老年人语言表达的策略

以下一些策略有助于提高老年人的语言表达能力,其中大多数策略专门用于改善姓名和单词回忆。老年人可以尝试的策略包括:使用迂回的说法和同义词,在脑海中过一遍字母表,说出某种单一环境下的人名(如所有邻居的名字),重温过去的经历以更好地描述回忆对象,查找人名,或者请旁人提供相关单词(Cohen & Faulkner,1986;Heine et al.,1999)。建立一个与特定单词或名字相关的心理形象,有助于将单词的意思与互动形象联系起来(Begg,1983;Einstein & McDaniel,2004)。比如,将"Gordan"(译者注:人名,与"花园"对应的英语单词同音)与"花园"的形象联系起来(Cohen & Faulkner,1986),或将街道名"Edgemont"(译者注:edge—边;mont—山)与一个站在山边的人的形象联系起来。练习说想要记住的单词很有帮助(Connor et al.,2004),因为多说该单词有助于加强大脑中的记忆连接,便于日后能说出该单词(Rastle & Burke,1996)。老年人出现"舌尖现象"问题时,应该根据需要给予其尽可能多的时间以回忆目标词,因为这种问题经常会自动得到解决(即所谓的"踏破铁鞋无觅处,得来全不费工夫";Heine et al.,1999)。同理,根据需要给予老年人尽可能多的说话时间,也会让其说话更流畅、更准确(Spieler & Griffin,2006)。

一些研究人员在给予启动词和提示的情况下,对老年人的命名能力进行了研究。"启动词"是指出现在要命名的物品之前的单词的口头或书面形式(Mortensen et al.,2006);而提示是在受试者尝试回忆单词后提供的。启动音素(Mortensen et al.,2006)和其他几种提示确实可给老年人带来帮助。这些提示包括:读音提示(例如,单词的第一个音素)、拼写提示(例如,写好单词的第一个字母,后面以破折号代表单词的剩余字母)和语义提示(例如,与目标词相关的单词;Bowles & Poon,1985;Gruneberg & Monks,1974;Heine et al.,1999;Woo & Schmitter-Edgecombe,2009)。这些策略可能有点不太实用,因为会让老年人尴尬,而且交流对象可能并不知道他们年迈的同伴想说些什么。但是,如果老年人无法记起某个单词或姓名,与之交谈的人可以问一些启发性的问题(例如"他/她是和你一起打高尔夫球的人吗?")。

要 点 速 览

● **神经功能完好的老年人的正常语言表达能力**

■ 在对证命名、回应式命名、复述、物体描述、同类事物发散联想和唱歌测试上,准确率最低通常能达到 90%

■ 命名正确率、流利度、速度均不及年轻人

■ 在波士顿命名测试中的表现平均每 10 年下降两个百分点

■ 回忆单词和姓名有困难,并有更多的"舌尖现象"问题

■ 在语言流畅性测试中,平均说出 11 个同类事物

■ 能准确复述和改述短句,但难以复述和改述复杂的长句;用更多的词汇,说更多不相干的话,交谈时跑题

■ 讨论不熟悉的话题时流利度降低

■ 在操作语体测试中,尽管按次序提供的步骤可能较少,但仍能恰当地完成该测试

■ 使用的语法形式、句法结构和动词时态变少,70 多岁时命题密度和语法复杂性下降最快

■ 出现通常被视为病态的语言特征:语法倒错性言语障碍、语义性错语和指代不清

- ■ 积极趋势包括
    - ○ 老年人比年轻人词汇量大
    - ○ 大多数语言技能在一生中保持不变,或者只会很缓慢地衰退
    - ○ 语言异常的存在不会使人难以理解其语言
- ● **对老年人语言表达有负面影响的因素**
    - ■ 工作记忆容量变少、注意力和处理效率下降
    - ■ 语言测试有时间限制或需要大量认知资源,如自然讲述或复述很长的复杂话语或讨论不熟悉的话题
    - ■ 健康状况下降,身体状况不佳,或感到疲惫、有压力或不适
    - ■ 受教育程度较低
    - ■ 习得物品名称的年龄
- ● **老年人出现以下迹象时应将其转诊给言语治疗师或其他医疗专家**
    - ■ 公开抱怨自己的言语障碍或变化
    - ■ 突然开始咬字不清,应立即求医或拨打紧急救助电话
    - ■ 找词困难
    - ■ 频繁重复先前说过的信息
    - ■ 言语语法复杂性变化
    - ■ 回避社交活动或以前喜欢的其他活动
- ● **有助于老年人语言表达的策略**
    - ■ 在遇到单词回忆障碍时,鼓励采用迂回说法和同义词
    - ■ 给老年人提供回忆单词和姓名的策略
        - ○ 在心里过一遍字母表
        - ○ 说出某种单一环境下的人名(如所有邻居的名字)
        - ○ 重温过去的经历以更好地描述回忆对象
        - ○ 查找人名
        - ○ 请旁人提供相关单词
        - ○ 建立一个可以和特定单词或名字联系在一起的心理形象
    - ■ 通常根据需要给予尽可能多的时间以回忆目标单词和说话
    - ■ 鼓励老年人练习说目标词
    - ■ 出现单词回忆障碍时进行启发式提问

思 考 题

1. 哪些理论可以解释老年人和年轻人的交流目标的不同？

2. 老年人的心理健康问题（如压力或抑郁）如何影响其言语表达？

3. 随着年龄的增长，人们喜欢讨论的话题会发生什么变化？

4. 据报道，老年人的话语样本更有趣。你的生活中有什么样的例子可以验证这一点？

参 考 文 献

Al-Wabil, A., Smith, M. A., Moyé, L. A., Burgin, W. S., & Morgenstern, L. B. (2003). Improving efficiency of stroke research: The Brain Attack Surveillance in Corpus Christi study. *Journal of Clinical Epidemiology, 56*, 351–357.

Albert, M. S., Heller, H. S., & Milberg, W. (1988). Changes in naming ability with age. *Psychology Aging, 3*, 173–178.

Allen, P. A., Madden, D. J., & Crozier, L. C. (1991). Adult age differences in letter-level and word-level processing. *Psychology and Aging, 6*, 261–271.

Arbuckle, T. Y., Nohara-LeClair, M., & Pushkar, D. (2000). Effect of off-target verbosity on communication efficiency in a referential communication task. *Psychology and Aging, 15*, 65–77.

Au, R., Joung, P., Nicholas, M., Obler, L., Kass, R., & Albert, M. L. (1995). Naming ability across the adult life span. *Aging and Cognition, 2*, 302–311.

Barresi, B. A., Nicholas, M., Connor, L. T., Obler, L. K., & Albert, M. L. (2000). Semantic degradation and lexical access in age-related naming failures. *Aging, Neuropsychology, and Cognition, 7*, 169–178.

Bayles, K. A., & Tomoeda, C. K. (1993). *Arizona Battery for Communication Disorders of Dementia.* Tucson, AZ: Canyonlands Publishing.

Begg, I. (1983). Imagery instructions and the organization of memory. In J. C. Yuille (Ed.), *Imagery, memory, and cognition: Essays in honor of Allan Paivio* (pp. 91–115). Hillsdale, NJ: Erlbaum.

Bortfeld, H., Leon, S. D., Bloom, J. E., Schober, M. F., & Brennan, S. E. (2001). Disfluency rates in conversation: Effects of age, relationship, topic, role, and gender. *Language and Speech, 44*, 123–147.

Bowles, N. L., & Poon, L. W. (1985). Aging and retrieval of words in semantic memory. *Journal of Gerontology, 40*, 71–77.

Brown, A. S., & Nix, L. A. (1996). Age-related changes in the tip-of-the-tongue experience. *American Journal of Psychology, 109*, 79–91.

Brown, R., & McNeill, D. (1966). The "tip-of-the-tongue" phenomenon. *Journal of Verbal Learning and Verbal Behavior, 5*, 325–337.

Burda, A. N. (2007). *Communication changes in healthy aging adults.* Adele Whitenack Davis Research in Gerontology Award, University of Northern Iowa.

Burke, D. M., Kester Locantore, J., Austin, A. A., & Chae, B. (2004). Cherry pit primes Brad Pitt: Homophone priming effects on young and older adults' production of proper names. *Psychological Science, 15,* 164–170.

Burke, D. M., MacKay, D. G., Worthley, J. S., & Wade, E. (1991). On the tip of the tongue: What causes word finding failures in young and older adults? *Journal of Memory and Language, 30,* 542–579.

Cohen, G., & Burke, D. M. (1993). Memory for proper names: A review. *Memory, 1,* 249–263.

Cohen, G., & Faulkner, D. (1986). Does "elderspeak" work? The effect of intonation and stress on comprehension and recall of spoken discourse in old age. *Language and Communication, 6,* 91–98.

Connor, L. T., Spiro, A., III, Obler, L. K., & Albert, M. L. (2004). Change in object naming ability during adulthood. *Journal of Gerontology: Psychological Sciences, 59B,* P203–P209.

Cooper, P. V. (1990). Discourse production and normal aging performance on oral picture description tasks. *Journal of Gerontology: Psychological Sciences, 45,* 210–214.

Dressler, R. A. (2001). *Language Activities Resource Kit* (2nd ed.). Dedham, MA: AliMed.

Einstein, G. O., & McDaniel, M. A. (2004). *Memory fitness: A guide for successful aging.* New Haven, CT: Yale University Press.

Evrard, M. (2002). Ageing and lexical access to common and proper names in picture naming. *Brain and Language, 81,* 174–179.

Feyereisen, P. (1997). A meta-analytic procedure shows an age-related decline in picture naming. *Journal of Speech, Language, and Hearing Research, 40,* 1328–1333.

Folstein, M. F., Folstein, S. E., & McHugh, P. R. (1975). Mini-Mental State: A practical method for grading the cognitive state of patients for the clinician. *Journal of Psychiatric Research, 12,* 189–198.

Gerhard, S., & Barry, C. (1999). Age of acquisition, word frequency, and the role of phonology in the lexical decision task. *Memory and Cognition, 27,* 592–602.

Gibson, E. (1988). Syntactic complexity: Locality of syntactic dependencies. *Cognition, 68,* 1–76.

Goodglass, H., & Kaplan, E. (1983). *The Boston Diagnostic Aphasia Examination.* Philadelphia: Lea & Febiger.

Goodglass, H., Kaplan, E., & Barresi, B. (2001). *Boston Diagnostic Aphasia Examination* (3rd ed.). Philadelphia: Lippincott Williams & Wilkins.

Gruneberg, M. M., & Monks, J. (1974). "Feeling of knowing" and cued recall. *Acta Psychologica, 38,* 257–265.

Heine, M. K., Ober, B. A., & Shenaut, G. K. (1999). Naturally occurring and experimentally induced tip-of-the-tongue experiences in three adult age groups. *Psychology and Aging, 14,* 445–457.

Helm-Estabrooks, N. (1992). *Aphasia Diagnostic Profile.* Dedham, MA: AliMed.

Hodgson, C., & Ellis, A. W. (1998). Last in, first to go: Age of acquisition and naming in the elderly. *Brain and Language, 64,* 146–163.

James, L. E., Burke, D. M., Austin, A. & Hulme, E. (1998). Production and perception of "verbosity" in younger and older adults. *Psychological Aging, 13,* 355–367.

Juncos-Rabadán, O., Pereiro, A. X., & Soledad Rodríguez, M. (2005). Narrative speech in aging: Quantity, information content, and cohesion. *Brain and Language, 95,* 423–434.

Kaplan, E. F., Goodglass, H., & Weintraub, S. (1983). *The Boston Naming Test* (2nd ed.). Philadelphia: Lea & Febiger.

Keith, R. L., & Schumacher, J. G. (2000). *Speech and Language Rehabilitation* (4th ed.). Austin, TX: Pro-Ed.

Kemper, S. (1986). Imitation of complex syntactic constructions by elderly adults. *Applied Psycholinguistics*, 7, 277–288.

Kemper, S., Herman, R. E., & Lian, C. H. (2003). The costs of doing two things at once for young and older adults: Talking while walking, finger tapping, and ignoring speech or noise. *Psychology and Aging*, 18, 181–192.

Kemper, S., Marquis, J., & Thompson, M. (2001). Longitudinal changes in language production: Effects of aging and dementia on grammatical complexity and propositional content. *Psychology and Aging*, 16, 600–614.

Kemper, S., & Sumner, A. (2001). The structure of verbal abilities in young and older adults. *Psychology and Aging*, 16, 312–322.

Kertesz, A. (1982). *Western Aphasia Battery*. New York: Grune & Stratton.

Kertesz, A. (2006). *Western Aphasia Battery–Revised*. San Antonio, TX: Harcourt Assessment, Inc.

Kynette, D., & Kemper, S. (1986). Aging and the loss of grammatical forms: A cross-sectional study of language performance. *Language and Communication*, 6, 65–72.

Lovelace, E. A., & Twohig, P. T. (1990). Healthy older adults' perceptions of their memory functioning and use of mnemonics. *Bulletin of the Psychonomic Society*, 28, 115–118.

Marini, A., Boewe, A., Caltagirone, C., & Carlomagno, S. (2005). Age-related differences in the production of textual descriptions. *Journal of Psycholinguistic Research*, 34, 439–463.

Markowitz, J. (2008). Evidence-based psychotherapies for depression. *Journal of Occupational and Environmental Medicine*, 50, 437–440.

Mayr, U., & Kliegl, R. (2000). Complex semantic processing in old age: Does it stay or does it go? *Psychology and Aging*, 15, 29–43.

Mitzner, T. L., & Kemper, S. (2003). Oral and written language in late adulthood: Findings from the Nun Study. *Experimental Aging Research*, 29, 457–474.

Mortensen, L., Meyer, A. S., & Humphreys, G. W. (2006). Age-related effects on speech production: A review. *Language and Cognitive Processes*, 21, 238–290.

Neils, J., Baris, J. M., Carter, C., Dell'aira, A. L., Nordloh, S. J., Weiler, E., & Weisiger, B. (1995). Effects of age, education, and living environment on Boston Naming Test performance. *Journal of Speech and Hearing Research*, 38, 1143–1149.

Nicholas, M., Barth, C., Obler, L. K., Au, R., & Albert, M. L. (1997). Naming in normal aging and dementia of the Alzheimer's type. In H. Goodglass & A. Wingfield (Eds.), *Anomia: Neuroanatomical and cognitive correlates*. (pp. 166–188). San Diego, CA: Academic Press.

Nicholas, M., Obler, L., Albert, M., & Goodglass, H. (1985). Lexical retrieval in healthy aging. *Cortex*, 21, 595–606.

Nickels, L., & Howard, D. (1994). A frequent occurrence? Factors affecting the production of semantic errors in aphasic naming. *Cognitive Neuropsychology*, 11, 289–320.

North, A. J., Ulatowska, H. K., Macaluso-Haynes, S., & Bell, H. (1986). Discourse performance in older adults. *International Journal of Aging and Human Development*, 23, 267–283.

Obler, L. K. (1980). Narrative discourse style in the elderly. In L. K. Obler & M. L. Albert (Eds.), *Language and communication in the elderly* (pp. 75–90). Lexington, MA: D. C. Health.

Poon, L. W., & Fozard, J. L. (1978). Speed of retrieval from long-term memory in relation to age, familiarity, and datedness of information. *Journal of Gerontology*, 33, 711–717.

Rastle, K. G., & Burke, D. M. (1996). Priming the tip of the tongue: Effects of prior processing on word retrieval in young and older adults. *Journal of Memory and Language*, 35, 586–605.

Schuell, H. (1973). *Minnesota Test for the Differential Diagnosis of Aphasia* (2nd ed., revised by J. W. Sefer). Minneapolis: University of Minnesota Press.

Schwartz, B. L. (2002). *Tip-of-the-tongue states: Phenomenology, mechanism, and lexical retrieval*.

Mahwah, NJ: Lawrence Erlbaum Associates.

Shadden, B. B. (1997). Discourse behaviors in older adults. *Seminars in Speech and Language,* 18, 143−156.

Small, B. J., & Backman, L. (1999). Time to death and cognitive performance. *Current Directions in Psychological Sciences,* 8, 168−172.

Spieler, D. H., & Griffin, Z. M. (2006). The influence of age on the time course of word preparation in multiword utterances. *Language and Cognitive Processes,* 21, 291−321.

Verhaegen, P. (2003). Aging and vocabulary scores: A meta-analysis. *Psychology and Aging,* 18, 332−339.

Woo, E., & Schmitter-Edgecombe, M. (2009). Aging and semantic cueing during learning and retention verbal episodic information. *Aging, Neuropsychology, and Cognition,* 16, 103−119.

Zerwic, J., Young Hwang, S., & Tucco, L. (2007). Interpretation of symptoms and delay in seeking treatment by patients who have had a stroke: Exploratory study. *Heart and Lung,* 36, 25−34.

第六章
书　写

Angela N. Burda 博士，认证言语治疗师

　　无论是在法律文书上签名、写购物清单，还是写电子邮件，书面交流对大多数人来说都不在话下。先不论书写的相对有效性（Alamargot & Chanquoy，2001），书写实际上是一种复杂的心理活动（Andersen，1969；Longstaff & Heath，1997），可以反映人们的想法、感受和行为（Wellingham-Jones，1989）。人们可以修改措辞以更好地表达自己的意思（Tynjälä，Mason & Lonka，2001），并且可以根据用途更改文体（Mitzner & Kemper，2003）。例如，相比在开始一天的工作时草草记下待办事项，人们在给家人写感谢信时可能会更加细心，内容也大不相同。

　　书写的独特之处在于，需要书写者具备充分的认知语言能力和运动能力。书写者必须拥有完整全面的语义、句法、词汇、语音知识（Graham & Weintraub，1996）和足够的记忆能力（Hoskyn & Swanson，2003）。从运动的角度来说，书写是由处于最低意识控制下的自动连续动作组成的（Huber & Headrick，1999；Longstaff & Heath，1997）。这是一项变化微小的技术活（Longstaff & Heath，1997）。除了书写，日常生活中的许多其他行为也属于这种自动运动。比如，在键盘上打字、拨打电话号码、在杂货店的过道里散步。这些都是我们熟悉的运动，并深深地铭刻在我们的长期记忆中。这样，我们就可以不用太注意当前的运动行为，而将注意力更多地放在所打文档的内容和电话的通话内容上，或者放在寻找想在商店购买的某一物品上。许多研究人员认为，人脑中存在中央运动程序，在高级过程被指定之前，低级过程无法启动（Graham & Weintraub，1996）。

换言之,为了从长期记忆中调取运动程序进行书写,必须先决定写什么(Graham & Weintraub,1996)。很明显,书写会涉及许多因素。文献中记载了各种理论观点,在探讨与年龄相关的表达能力的变化时,我们应谨记这些理论观点(参见第一章"理论观点")。

本章将讨论老年人通常应该有怎样的书写能力,哪些因素会对老年人的书写产生负面影响,出现哪些迹象时需要转诊给言语治疗师或其他医学专家,以及哪些策略有助于提高老年人的书写能力。本章末尾的"要点速览"对一些重要知识点进行了总结归纳。

老年人的正常书写能力

言语治疗师在评估患者时会对其诸多方面进行评量,书写能力便是其中的一个方面。书写能力评估颇具挑战性,因为言语治疗师不仅要看手写样本的内容准确性,还要看其易读性和语法正确性。易读性是指手写样本的可读性,包括字体大小、倾斜度、间距和书写一致性等特征(Andersen,1969;Rubin & Henderson,1982;Tomchek & Schneck,2005)。如果易读性差,人们就很难辨认书写内容。言语治疗师会注意是否存在明显的拼写错误,以及是否缺少标点符号。他们还会注意字母是否扭曲变形,以及间距是否不一致。因为用左手和用右手写出来的字是有所不同的(Wright,1990),言语治疗师还需要知道患者书写时的惯用手,以及患者在接受评估时是否使用了非惯用手。这一点至关重要,因为如果患者使用的是非惯用手,书写可能就没有那么流畅,或者字母的形状不那么正确(Kopeenhaver,2007;Wright,1990)。了解患者平素尤其是最近的书写内容十分重要。言语治疗师还必须了解患者的以下情况:在人生中是否遭遇过书写障碍,认为自己"擅长书写"还是"不擅长书写",以及在日常生活中是否必须与书写打交道。有些人在书写上一直有很大的困难,并且他们可能在目前的生活状况下也很少书写什么。所有这些因素都会影响言语治疗师在治疗目标方面的决策。对老年人来说,具备书写姓名及履历信息(如地址、出生日期;Helm-Estabrooks,1992)的能力十分重要。各种医疗、金融和法律文件经常需要提供这类信息(Walton,1997),因此言语治疗师有必要对其这方面的能力进行检查。在市面上的成人语言和认知量表中,书写测试通常包括书写履历信息(如前所述)、书写字母和数字、临摹和绘制图形或几何形状、听写单词和/或句子、书写任意句子,以及书写一段话（如图片观后感；Bayles & Tomoeda，1993；Helm-Estabrooks，1992，2001；Kertesz，2006；Schuell，1973）。

我们很难找到关于神经功能完好的老年人书写能力的信息。很多调查研究不一定纳入了言语病理学量表中的临床测试，如前文提到的书写履历信息等临床测试。如前所述，并非所有的量表都会系统地将老年人纳入标准化流程，或在量表手册中说明常模人群的年龄（Schuell，1973）。有些常模团体的选取可能还很成问题。如第三章所提及的"失语症语言操作量表"（Keenan & Brassell，1975）的常模团体全部由囚犯构成。但是，从一些特例和量表手册中的信息，以及文献中的经验数据，可以获得关于神经功能完好的老年人所拥有的正常书写能力的一般指导。

我们在第三章提到，"失语症诊断性评量"（Helm-Estabrooks，1992）是将老年人纳入标准化流程的一个范例。量表数据来自 40 名 20～99 岁的神经功能完好者。尽管这些人中有 11 人年龄在 60～99 岁，但量表作者并未提供各年龄组的常模数据。"失语症诊断性评量"中的书写测试包括：书写自己的姓名；书写所在街道地址、城市、州、邮政编码；书写自己的出生日期、社会保险号和电话号码；签署姓名；并在问卷上写上正确日期。量表手册显示，标准化样本中神经功能完好者在总分 30 分的情况下平均得分 24.4 分（标准差＝12.4）。据此计算，20～99 岁的健康成年人的书写测试平均准确率约为 81%。"失语症诊断性评量"中的许多测试项目均使用了多向度评量法，回答的及时性也计入得分。虽然量表手册中未作说明，但很可能标准化样本中的受试者准确完成了书写测试，只不过回答较慢，从而导致得分偏低。

我们在第三章还提过"亚利桑那州认知症交流障碍检查法"（Bayles & Tomoeda，1993），这是将老年人作为独立对照组的为数不多的测试之一。这些老年人的平均年龄为 70.44 岁（标准差＝17.07）。虽然"亚利桑那州认知症交流障碍检查法"未正式纳入手写测试，但其中有两项绘画测试——"衍生绘画"和"图形临摹"。在"衍生绘画"部分，受试者需要画风筝、水桶和时钟；在"图形临摹"部分，受试者需要临摹三幅抽象图形（如被十字贯穿的圆圈）。这两项测试均采用多向度评量法，会对形状、线条近似度和完整性等方面进行评分。在"衍生绘画"部分，总分 14 分，标准化样本中的老年人平均得分 12.4 分（标准差＝1.6），正确率为 89%；在"图形临摹"部分，总分 12 分，神经功能完好的老年人平均得分 11.4 分（标准差＝1.0），正确率为 95%。另一个对照组由年轻人组成，在"衍生绘画"部分,该组年轻人比老年人表现稍好(平均得分=13.9分;标准差=0.4;正确率=99%)。老年人在"图形临摹"测试中的平均得分与对照组年轻人无显著差异(平均得分=11.8分;标准差=0.8;正确率=98%)。

　　对老年人书写和绘画能力的研究表明,这两种能力可能会发生增龄性变化。举例来说,临摹圆形和矩形等简单几何图形的能力会随着年龄的增长而略有下降;但这些绘画作品总的来说应仍正确无误(Ericsson,Forssell,Holmèn,Viitanen & Winblad,1996)。老年人在临摹或绘制比较复杂的几何形状时,精确度会降低。具体而言,老年人很难临摹或绘制五边形、菱形或立方体(Ericsson et al.,1996)。就像受试者在完成"简易精神状态检查量表"中的句子书写时(Ericsson et al.,1996;Folstein,Folstein & McHugh,1975),老年人通常可以准确地即兴写一些句子,然而这些句子的复杂性和从属连词的选用似乎有所下降。例如,We are going out for dinner after we finish painting the living room(我们在粉刷完客厅后出去吃饭);I enjoy reading because I feel I am learning new information(我喜欢阅读,因为我觉得自己在不断了解新信息)(Bromley,1991;Kemper,Greiner,Marquis,Prenovost & Mitzner,2001)。即使在拼写高频词时,老年人的准确性也会下降,特别是当这些单词有一定拼写难度时,如restaurant(餐馆)、occasion(场合)等单词;而且老年人可能并非一直能意识到自己的拼写能力已经变差(MacKay & Abrams,1998)。据报道,老年人在写同音异形异义词时比较依赖句子的语义,而年轻人则通常按最常见的方式进行拼写(Cortese,Balota,Sergent-Marshall & Buckner,2003)。一些研究人员称,因为老年人有更多的人生经验,所以他们在书写时所用的词汇可能更具有多样性,而另一些研究人员却持相反意见(Bromley,1991)。笔者以为,老年人的词汇多样性可能会下降,是因为其对在生命早期习得的、使用频率较高的词汇比比较高级的词汇或使用频率较低的词汇记得更牢(Bromley,1991)。

　　我们在前几章提过 Burda(2007)进行的一项研究,她将 65 岁及以上的受试者分成了三个不同的年龄组:初老组(平均年龄=69.3 岁)、老年组(平均年龄=81.1 岁)和耄耋组(平均年龄=89.5 岁)。初老组和耄耋组各有 10 人,老年组有11 人。受试者完成了言语治疗师临床评估时使用的一些书写测试,包括书写以下履历信息:姓名、所在街道地址、城市和州、出生日期和受教育年限。其他一些测试包括:词语听写、写出图片中物体的名字、利用提供的单词即兴写一些句子、准确填写支票和写购物清单。表 6-1 列出了各年龄组的研究结果。

表 6-1 书写测试平均表现

测 验	总计*	初老组			老年组			耄耋组		
		平均分	标准差	%**	平均分	标准差	%**	平均分	标准差	%**
履历信息	9	9.9	0.0	100	9.0	0.0	100	8.3	1.3	92
听写词语	10	9.9	0.3	99	9.8	0.4	98	9.9	0.3	99
图片命名	10	10.0	0.0	100	9.9	0.3	99	9.9	0.3	99
即兴写句子	10	9.1	1.2	91	9.5	1.0	95	9.6	0.7	96
填写支票	15	15.0	0.0	100	14.5	1.8	97	14.8	0.6	99
写购物清单	10	10.0	0.0	100	9.9	0.3	99	10.0	0.0	100

注：* 为总分。** 为正确率。
资料来源：Burda(2007)。

如表 6-1 所示,受试者能够准确率很高地完成所有测试。在这些测试中,初老组在即兴写句子上的准确率最低,为 91%。受试者在大多数测试项目上的准确率都比这高得多。各年龄组之间没有显著差异,耄耋组的有些平均分高于其他两个年龄组的得分。此外,三个年龄组的表现没有统计学意义上的差异。应当指出的是,该项试验性研究的样本量很小。

运动方面表现出了一定的增龄性变化;但是,关于这种变化在实际书写活动上的体现,文献中很少提及。握力会随着年龄的增长而下降(Frederiksen, Hjelmborg, Mortensen, McGue, Vaupel & Christensen, 2006),动作也会变慢(Smith et al., 1999)。运动变化的增加可能与动作的开始、控制、力量和空间协调的减少有关(Contreras-Vidal, Teulings & Stelmach, 1998)。老年人书写笔画所使用的时间也存在明显的变化,而且其所书写的笔画不像年轻人那样笔直或流畅(Contreras-Vidal et al., 1998)。

各个年龄段使用电子通信技术的人数都在大量增加,老年人也不例外(Goodman, Syme & Eisma, 2003)。老年人使用计算机的原因与年轻人大致相同:上网、给家人和朋友发电子邮件、打文档、完成工作和玩游戏(Champley, Scherz, Apel & Burda, 2008; Echt, Morrell & Park, 1998; Elias, Robin & Gage, 1987; Goodman et al., 2003)。即使一开始不熟悉计算机,老年人也能学会使用方法,并能长期记住该知识(Elias et al., 1987; Morrell, Park, Mayhorn & Kelley, 2000; Morris, 1994)。老年人打字和编辑文档的速度比年轻人慢(Czaja & Sharit, 1993; Elias et al., 1987),并且在移动光标、滚动屏幕、切换选项卡和使用可能会混淆的命令字符方面更为困难（Elias et al.,1987；Mayhorn,Stronge,McLaughlin & Rogers,2004；Morris,1994）。此外,许多技术产品并没有有益于老年人的功能,如易于使用的菜单和帮助版块,或较大字体以便老年人看清自己所键入的内容（Selwyn,Gorard,Furlong & Madden,2003）。

总之,根据成人语言量表的常模数据和研究中包含的信息,健康的老年人应该能够书写自己的姓名、地址、出生日期和社会保险号等个人信息。此外,老年人应该能够准确听写单个词语,写出图片中物体的名称,准确填写支票,即兴或根据提供的单词写句子,以及写购物清单。他们应该能够画出圆形和矩形等简单的几何形状,但临摹五边形、菱形或立方体等复杂的图形可能较为困难。老年人在书写和打字时可能动作比较慢。他们也可能存在拼写障碍,且书写复杂性可能会降低。在计算机的使用上,他们应该能够一学就会,但是如果看不到自己所键入的内容、应用程序太复杂或需执行一些移动性操作（例如滚动屏幕、移动光标）,他们可能会存在障碍。尽管老年人的书写能力可能会随着时间的推移而发生变化,但文献中无任何内容表明他们明显更难以书写,或其书写内容的可读性或准确性会显著下降。因此,老年人应该能够进行充分的书面交流。请务必牢记,神经功能完好者的能力水平可能远超本文之描述,需要进一步的研究来予以更完善的记录。

影响老年人书写的因素及问题迹象

有一些因素会影响老年人的书写能力。针对与该能力相关的身体状况、受教育程度和认知方面,人们进行了许多研究。其中一项研究是由 Mitzner 与 Kemper（2003）完成的,他们对上述方面进行了全面调研。他们选取了 78～91 岁的修道院女性接受"修女调查"（Snowdon,Kemper,Mortimer,Greiner,Wekstein & Markesbery,1996）,让她们写下关于进入修道院之前的生活的自述。简易精神状态检查量表（Folstein,Folstein & McHugh,1975）评量结果显示,与身体状况差、受教育程度不高或在简易精神状态检查量表中得分较低的受试者相比,身体状况较好、受教育程度较高、认知功能较高的受试者的书写样本词汇更统一、话语更长、每句话从句更多、语法结构更复杂、支离破碎的话语更少。有趣的是,这项调查未显示出年龄与任何语言评估结果的显著相关性。Mitzner 和 Kemper（2003）认为,书写能力的增龄性变化可能会在人们的晚年减缓或趋于平稳。

还有人研究了教育和认知对书写能力的影响。结果显示,老年人临摹圆形和矩形、书写自己姓名和听写句子的能力往往不会因受教育程度的不同而有所不同(Ericsson et al.,1996);而完成五边形和立方体临摹以及即兴写句子等较复杂测试的能力则似乎确实与受教育程度有关(Ericsson et al.,1996)。也就是说,与受教育程度低的人相比,受教育程度较高者在这些测试中表现更好。

对认知与书写的研究主要集中在工作记忆和注意力研究上。书写需要占用大量的工作记忆(Hoskyn & Swanson,2003;Olive,2004)。然而,老年人工作记忆衰退,导致了信息存储和处理能力下降(Hoskyn & Swanson,2003)。因此,老年人需要更多的资源来构思并将这些构思转化为书面输出。工作记忆衰退带来的最终结果是,书写结构复杂性降低(Hoskyn & Swanson,2003)。比如,老年人书面叙述的事件可能毫无时间或因果关系(Hoskyn & Swanson,2003)。注意力下降会导致拼写错误(Neils,Roeltgen & Greer,1995)。这一点值得注意,因为语言障碍通常被认为是拼写困难的罪魁祸首。

良好的视力至关重要,关系到一个人能否看清自己的书写或打字内容(Hawthorn,2000;Ryan,Anas,Beamer & Bajorek,2003)。老年人的视力可能会发生一些变化,包括视敏度和对比敏感度(即明暗程度差异的察觉能力)下降,罹患老花眼,眼睛主动聚焦附近物体的能力逐渐丧失,等等(Glasser & Campbell,1998)。眩光对老年人来说可能也是一个问题(Hagerstrom-Portnoy,Schneck & Brabyn,1999),尤其在使用计算机时更加严重。视力下降可能具有一定的临床意义。举例来说,视力受损会导致"简易精神状态检查量表"(该量表常被用作医疗筛查工具)得分偏低(Jagger,Clarke,Anderson & Battcock,1992),令医务人员作出老年患者认知能力受损的错误推断。

鉴于这些视力变化,大多数老年人都需要佩戴矫正镜片(Desai,Pratt,Lentzner & Robinson,2001)。如果未配备眼镜或隐形眼镜,或佩戴这些物品的处方已不再能满足需要,通常可以参加一些完善的基础运动课程,从而在一定程度上补偿视力减退(Graham & Weintraub,1996;Stelmach & Teulings,1983)。无论如何,视力变化需要得到适当的解决,只有这样,老年人的书写和文字易读性才不会受到负面影响。

对某些任务的熟悉程度和外部视觉刺激的存在可能会影响老年人的书写。当老年人面对不熟悉或困难的书写任务时,其书写动作的计划和实施将需要更多时间(Dixon,Kurzman & Friesen,1993;Portier,van Galen & Meulenbroek,

1990；Rogers，Meyer，Walker & Fisk，1998）。举个例子，老年人刚开始学习使用计算机时，打字和发送电子邮件会需要较多的时间；相比之下，写购物清单是他们熟悉且相对容易完成的一项活动。初步数据表明，外部视觉刺激的存在可能会对老年人的书写产生不利影响。有人曾对年轻人和老年人书写一连串字母时的动作进行过研究，发现带有纹路的纸面（类似于条纹纸）会降低老年人的动作效率（Slavin，Phillips & Bradshaw，1996）。虽说该研究只对动作进行了评量，没有评量书写内容的准确性，但我们仍然可以认为很可能是这些纹路的存在导致了老年人注意力下降。为更好地判断外部视觉刺激对老年人书写的影响，人们还需要进一步研究。

从一些迹象可以看出老年人有书写困难。"书写障碍"一词通常用来指书写、拼写和/或打字方面的障碍（N. Graham，2000；Neils-Strunjas，Groves-Wright，Mashima & Harnish，2006）。显然，如果老年人公开抱怨其无法写字或打字，书写出现很大变化，或者写字或打字时感到疼痛（如关节炎患者）（Kauranen，Vuotikka & Hakala，2005；Zhang，Niu，Kelly-Hayes，Chaisson，Aliabadi & Felson，2002），就应该去看医生了。当老年人一反常态地表现出书写、拼写、打字和/或绘画障碍时，通常是潜在神经系统病变的征兆（Longstaff & Heath，1997）。书写困难可能意味着认知—语言方面受损（如阿尔茨海默病）（Harnish & Neils-Strunjas，2008；Neils et al.，1995），或存在运动障碍，如肌萎缩性侧索硬化症（Weber，Eisen，Stewart & Hirota，2000）、多发性硬化症或帕金森症（Longstaff & Heath，2003）。

患有帕金森症或阿尔茨海默病的人特别容易出现书写障碍。书写时字体过小是帕金森症患者身上很常见的一种现象（Ondo & Satija，2007；Yorkston，Miller & Strand，2004）。基底神经节的损伤会导致肌肉变得僵硬，令患者的整体动作幅度变小（Olivera；Gurd；Nixon；Marshall & Passingham，1997）。字体过小会导致易读性降低，以至于阅读者无法确定所写的内容。

阿尔茨海默病患者会出现各种书写、拼写和/或绘画困难。比如，无法临摹特定的几何形状，特别是圆形以外的其他形状；这被认为是阿尔茨海默病的早期征兆（Ericsson 等，1996）。在测试一个人是否存在认知衰退时，临摹五边形和立方体的测试方法似乎尤为灵验，而临摹圆形和书写姓名则似乎最不灵验（Ericsson et al.，1996）。阿尔茨海默病患者的书写能力差异很大。许多处于轻度阶段（即早期阶段）的患者在即兴写句子时很难写出一句完整的话（Ericsson et al.,1996);而有的处于轻度阶段的患者则或许可以写一段话。但是,这些患者一般都会出现拼写错误(Domenico,1990)。据称,有一些书写测试是轻度至中度阿尔茨海默病患者很难完成的,包括书写较长的单词、低频词、同音异形异义词和非单词等(Harnish & Neils-Strunjas,2008;Neils-Strunjas et al.,2006)。随着病情不断加重,阿尔茨海默病患者在书写任务上的表现通常会不断下降,这并不令人意外(Groves-Wright,Neils-Strunjas,Burnett & O'Neill,2004)。Groves-Wright 及其同事(2004)发现,在完成书面对症命名测试时,语义性错写现象会随着阿尔茨海默病病情的发展而增加。他们还表示,与轻度阿尔茨海默病患者相比,中度阿尔茨海默病患者在书写流畅性测试(例如:在一分钟内写尽可能多的动物的名字)上表现更差。阿尔茨海默病患者的句子听写和签名能力似乎比其他书写能力维持的时间更长(Ericsson et al.,1996)。在叙述方面(如图片描述),阿尔茨海默病患者往往难以完整描述图片,并表现出语义性错写现象(如,用"很长的站台"来指代"码头")(Groves-Wright et al.,2004;Horner,Heyman,Dawson & Rogers,1988)。他们的文字叙述也常常较短,内容重复且词汇有限,并且有不相关的信息和语意词错误(Harnish & Neils-Strunjas,2008)。

其他一些需要预约就医的书写障碍迹象包括:书写时摇晃、颤抖和/或无力,或难以握笔。如果其他人注意到老年人的书面输出没有意义、答非所问,或所写的支离破碎的语句多于完整的句子(Small,Lyons & Kemper,1997),可以让其去看医生。如果老年人无法书写或请人代为完成以前能够完成的书写活动(如填写支票),也应该去看医生。在某些情况下,老年人可能还需要找验光师检查视力。如果书写能力之后仍未得到改善,应再征求其他专业医学人士的意见。如果老年人自述或他人从其身上观察到的书写障碍与本文所讨论的情况相符,应咨询医生,或咨询神经科医生、言语治疗师或职业治疗师等其他专家。

有助于老年人书写能力的策略

有一些策略可以帮助改善老年人的书面表达。因为精细运动能力和工作记忆会随着年龄的增长而下降,给予老年人必要的时间将有助于其书写(Bromley,1991;Jones & Bayen,1998)及打字(Elias et al.,1987)。没有了时间限制,老年人可以准确确定自己想写什么或打什么,从而能专注于运动输出。通过练习也可以提升书写表现(Dixon et al.,1993;Portier et al.,1990)和打字水平(Elias et al.，1987；Gist，Rosen & Schwoerer，1988），对完成不熟悉的书写任务更是大有裨益（Portier et al.，1990）。对于看不清自己所写或所打内容的老年人来说，积极应对视力变化是有益的做法。如果老年人难以握笔，使用粗一些的钢笔或铅笔（如用更宽的钢笔代替细的钢笔）或在笔具上套一个利于抓握的橡胶圈，或许能改善这一状况。对于初学计算机的老年人，应该提供关于计算机以及传统打字与计算机文字处理之间区别的清楚而详尽的说明；同时提供书面资料和录制的音频作为辅助教材（Elias et al.，1987）。老年人也发现，在自行完成某项计算机操作之前，先看一遍操作示范对他们很有帮助（Gist et al.，1988）。老年人在使用计算机时还可以使用其他一些实用的方法，如拼写和语法检查等（MacKay & Abrams，1998）。至于书写内容，如果老年人难以记住想写的东西，或许可以使用一些有效的记忆策略。举个例子，如果不记得自己想在杂货店买什么，应该用一周时间慢慢列购物清单。

要 点 速 览

● **神经功能完好的老年人的正常书写能力**
  ■ 书写个人信息，如姓名、地址、出生日期和社会保险号等
  ■ 听写词语
  ■ 写出图片中物体的名称
  ■ 填写支票
  ■ 即兴或根据提供的单词写句子
  ■ 写购物清单
  ■ 临摹圆形和矩形等简单的几何形状
  ■ 难以临摹五边形、菱形或立方体等较复杂的几何图形
  ■ 可能书写速度较慢
  ■ 拼写可能会有困难，书写复杂性也会降低
  ■ 能学会使用计算机，但可能难以进行滚动屏幕或移动光标等移动型操作
  ■ 如果视力有问题，无法看到所键入的内容，或者应用程序过于复杂，可能在使用计算机时会有一些障碍
  ■ 一言以蔽之，老年人应该能够以书面形式进行充分的交流

● **对老年人书写有负面影响的因素**

■ 身体状况不佳

■ 受教育程度较低

■ 认知功能低下

■ 存在增龄性视力变化,如视敏度、对比敏感度下降和罹患老花眼

■ 对书写任务不熟悉

■ 存在外部视觉刺激(如纸面纹路)

● **出现以下迹象时应将老年人转诊给言语治疗师或其他专业医疗人员**

■ 公开抱怨其无法写字或打字,书写出现很大变化,或者写字或打字时感到疼痛

■ 难以临摹几何形状,尤其是立方体和五边形。圆形最容易临摹,即使是阿尔茨海默病患者也可以做到

■ 用计算机打字有困难

■ 即兴写句子或书写成段的话有困难

■ 书写较长的单词、低频词和非单词有困难

■ 书写时颤抖、摇晃、无力或字体过小

■ 难以握笔

■ 答非所问,或书面输出无意义

■ 无法书写或请人代为完成以前能够完成的书写活动(如填写支票)
(注:如果怀疑患者视力受损,请将其转诊给验光师)

● **有助于老年人书写能力的策略**

■ 给老年人足够的时间书写或打字

■ 鼓励老年人练习书写或打字

■ 对于初学计算机的老年人,提供关于计算机以及传统打字与计算机文字处理之间区别的清楚而详尽的说明;同时提供书面资料和录制的音频作为辅助教材

■ 鼓励老年人利用计算机的拼写和语法检查等功能

■ 积极应对视觉变化

■ 提供较粗的笔具,或在笔具上套一个利于抓握的橡胶圈

■ 如果老年人记不起想写的东西,鼓励他们采用记忆策略,比如用一周时间慢慢列购物清单,而不是一次列完

思 考 题

1. 老年人拼写能力下降的原因是什么?

2. 正常老年人与神经系统疾病(如阿尔茨海默病)患者在画钟测试中的表现有何不同?

3. 请花些时间调查老年人为了了解医疗信息可能会使用的网站(如美国语言听力协会网站等)。根据你的调查,你认为老年人比较不容易浏览哪些网站?更容易浏览哪些网站? 哪些问题使你做出了这样的判断?

4. 如果老年人不能在重要的法律或金融文件上签名,会有什么法律影响?如何解决这个问题?

参 考 文 献

Alamargot, D., & Chanquoy, L. (2001). *Through the models of writing.* Dordrecht, Netherlands: Kluwer Academic Publishers.

Andersen, D. W. (1969). What makes writing legible? *Elementary School Journal, 69,* 364—369.

Bayles, K. A., & Tomoeda, C. K. (1993). *Arizona Battery for Communication Disorders of Dementia.* Tucson, AZ: Canyonlands Publishing.

Blanton, D. J., & Degenais, P. A. (2007). Comparison of language skills of adjudicated and nonadjudicated adolescent males and females. *Language, Speech, and Hearing Services in Schools,* 38, 309—314.

Bromley, D. B. (1991). Aspects of written language production over adult life. *Psychology and Aging,* 6, 296—308.

Burda, A. N. (2007). *Communication changes in healthy aging adults.* Adele Whitenack Davis Research in Gerontology Award, University of Northern Iowa, Cedar Falls, IA.

Champley, J., Scherz, J. W., Apel, K., & Burda, A. (2008). A preliminary analysis of reading materials and strategies used by older adults. *Communication Disorders Quarterly, 29,* 131—140.

Contreras-Vidal, J. L., Teulings, H. L., & Stelmach, G. E. (1998). Elderly subjects are impaired in spatial coordination in fine motor control. *Acta Psychologica,* 100, 25—35.

Cortese, M. J., Balota, D. A., Sergent-Marshall, S. D., & Buckner, R. L. (2003). Sublexical, lexical, and semantic influences in spelling: Exploring the effects of age, Alzheimer's disease and primary semantic impairment. *Neuropsychologia,* 41, 952—967.

Czaja, S., & Sharit, J. (1993). Age differences in the performance of computer-based work. *Psychology and Aging,* 8, 59—67.

Desai, M., Pratt, L. A., Lentzner, H., & Robinson, K. N. (2001). Trends in vision and hearing among older Americans. *Aging Trends,* No.2. Hyattsville, MD: National Center for Health Statistics.

Dixon, R. A., Kurzman, D., & Friesen, I. C. (1993). Handwriting performance in younger and older adults: Age, familiarity, and practice effects. *Psychology and Aging, 8,* 360–370.

Domenico, R. A. (1990). Verbal communication impairment in dementia research frontiers in language and cognition. In T. Zandi & R. J. Ham (Eds.), *New directions in understanding dementia and Alzheimer's disease* (pp. 79–88). New York: Plenum Press.

Echt, K. V., Morrell, R. W., & Park, D. C. (1998). Effects of age and training format on basic computer skill acquisition in older adults. *Educational Gerontology, 24,* 3–25.

Elias, P. K., Elias, M. F., Robin, M. A., & Gage, P. (1987). Acquisition of word-processing skills by younger, middle-age, and older adults. *Psychology and Aging, 2,* 340–348.

Ericsson, K., Forssell, L. G., Holmèn, K., Viitanen, M., & Winblad, B. (1996). Copying and handwriting ability in the screening of cognitive dysfunction in old age. *Archives of Gerontology and Geriatrics, 22,* 103–121.

Folstein, M. F., Folstein, S. E., & McHugh, P. R. (1975). Mini-mental state: A practical method for grading the cognitive state of patients for the clinician. *Journal of Psychiatric Research, 12,* 189–198.

Frederiksen, H., Hjelmborg, J., Mortensen, J., McGue, M., Vaupel, J. W., & Christensen, K. (2006). Age trajectories of grip strength: Cross-sectional and longitudinal data among 8, 342 Danes aged 46–102. *Annals of Epidemiology, 16,* 554–562.

Glasser, A., & Campbell, M. C. W. (1998). Presbyopia and the optical changes in the human crystalline lens with age. *Vision Research, 38,* 209–229.

Gist, M., Rosen, B., & Schwoerer, C. (1988). The influence of training method and trainee age on the acquisition of computer skills. *Personnel Psychology, 41,* 255–265.

Goodman, J., Syme, A., & Eisma, R. (2003). Older adults' use of computers: A survey. *Proceedings of Human-Computer Interaction Conference: Designing for Society, 2,* 25–28.

Graham, N. (2000). Dysgraphia in dementia. *Neurocase, 6,* 365–376.

Graham, S., & Weintraub, N. (1996). A review of handwriting research: Progress and prospects from 1980 to 1994. *Educational Psychology Review, 8,* 7–87.

Groves-Wright, K., Neils-Strunjas, J., Burnett, R., & O'Neill, M. J. (2004). A comparison of verbal and written language in Alzheimer's disease. *Journal of Communication Disorders, 37,* 109–130.

Hagerstrom-Portnoy, G., Schneck, M. E., & Brabyn, J. A. (1999). Seeing into old age: Vision function beyond acuity. *Optometry and Vision Science, 76,* 141–158.

Harnish, S. M., & Neils-Strunjas, J. (2008). In search of meaning: Reading and writing in Alzheimer's disease. *Seminars in Speech and Language, 29,* 44–59.

Hawthorn, D. (2000). Possible implications of aging for interface designers. *Interacting With Computers, 12,* 507–528.

Helm-Estabrooks, N. (1992). *Aphasia Diagnostic Profile.* Dedham, MA: AliMed.

Helm-Estabrooks, N. (2001). *Cognitive Linguistic Quick Test.* San Antonio, TX: The Psychological Corporation.

Horner, J., Heyman, A., Dawson, D., & Rogers, H. (1988). The relationship of agraphia to the severity of dementia in Alzheimer's disease. *Archives in Neurology, 45,* 760–763.

Hoskyn, M., & Swanson, L. H. (2003). The relationship between working memory and writing in younger and older adults. *Reading and Handwriting: An Interdisciplinary Journal, 16,* 759–784.

Huber, R. A., & Headrick, A. M. (1999). *Handwriting identification: Facts and fundamentals.* Boca Raton, FL: CRC Press.

Jagger, C., Clarke, M., Anderson, J., & Battcock, T. (1992). Misclassifications of dementia by the Mini-Mental State Examination: Are education and social class the only factors? *Age and Ageing, 21,* 404–411.

Jones, B. D., & Bayen, U. J. (1998). Teaching older adults to use computers: Recommendations based on cognitive aging research. *Educational Gerontology, 24*, 675–689.

Kauranen, K., Vuotikka, P., & Hakala, M. (2005). Motor performance of the hand in patients with rheumatoid arthritis. *Annals of Rheumatology Disorders, 59*, 812–826.

Keenan, J. S., & Brassell, E.G. (1975). *Aphasia Language Performance Scales.* Murfreesboro, TN: Pinnacle Press.

Kemper, S., Greiner, L. H., Marquis, J. G., Prenovost, K., & Mitzner, T. L. (2001). Language decline across the life span: Findings from the Nun Study. *Psychology and Aging, 16*, 227–239.

Kertesz, A. (2006). *Western Aphasia Battery–Revised.* San Antonio, TX: Harcourt Assessment, Inc.

Kopeenhaver, K. (2007). *Forensic document examination: Principles and practices.* Totowa, NJ: Humana Press.

Longstaff, M. G., & Heath, R. A. (1997). Space-time invariance in adult handwriting. *Acta Psychologica, 97*, 210–214.

Longstaff, M. G., & Heath, R. A. (2003). The influence of motor system degradation on the control of handwriting movements: A dynamical systems analysis. *Human Movement Science, 22*, 91–110.

MacKay, D. G., & Abrams, L. (1998). Age-linked declines in retrieving orthographic knowledge: Empirical, practical, and theoretical implications. *Psychology and Aging, 13*, 647–662.

Mayhorn, C. B., Stronge, A. J., McLaughlin, A., & Rogers, W. A. (2004). Older adults, computer training, and the systems approach: A formula for success. *Educational Gerontology, 30*, 185–203.

Mitzner, T. L., & Kemper, S. (2003). Oral and written language in late adulthood: Findings from the Nun Study. *Experimental Aging Research, 29*, 457–474.

Morrell, R. W., Park, D. C., Mayhorn, C. B., & Kelley, C. L. (2000). Effects of age and instructions on teaching older adults to use ELDERCOMM, an electronic bulletin board system. *Educational Gerontology, 26*, 221–235.

Morris, M. J. (1994). Computer training needs of older adults. *Educational Gerontology, 20*, 541–556.

Neils, J., Roeltgen, D. P., & Greer, A. (1995). Spelling and attention in early Alzheimer's disease: Evidence for impairment of the graphemic buffer. *Brain and Language, 49*, 27–49.

Neils-Strunjas, J., Groves-Wright, K., Mashima, P., & Harnish, S. (2006). Dysgraphia in Alzheimer's disease: A review for clinical and research purposes. *Journal of Speech, Language, and Hearing Research, 49*, 1313–1330.

Olive, T. (2004). Working memory in writing: Empirical evidence from the dual-task technique. *European Psychologist, 9*, 32–42.

Olivera, R. M., Gurd, J. M., Nixon, P., Marshall, J. C., & Passingham, R. E. (1997). Micrographia in Parkinson's disease: The effect of providing external cues. *Journal of Neurology, Neurosurgery, and Psychiatry, 63*, 429–433.

Ondo, W. G., & Satija, P. (2007). Withdrawal of visual feedback improves micrographia in Parkinson's disease. *Movement Disorders, 22*, 2130–2131.

Portier, S. J., van Galen, G. P., & Meulenbroek, R. G. (1990). Practice and the dynamics of handwriting performance: Evidence for a shift of motor programming load. *Journal of Motor Behavior, 22*, 474–492.

Rogers, W., Meyer, B., Walker, N., & Fisk, A. (1998). Functional limitations to daily living tasks in the aged: A focus group. *Human Factors, 40*, 111–125.

Rubin, N., & Henderson, S. E. (1982). Two sides of the same coin? Variations in teaching methods and failure to learn to write. *Special Education: Forward Trends, 9*, 17–24.

Ryan, E. B., Anas, A. P., Beamer, M., & Bajorek, S. (2003). Coping with age-related vision loss in everyday reading activities. *Educational Gerontology*, 29, 37–54.

Schuell, H. (1973). *Minnesota Test for the Differential Diagnosis of Aphasia* (2nd ed., revised by J. W. Sefer). Minneapolis: University of Minnesota Press.

Selwyn, N., Gorard, S., Furlong, J., & Madden, L. (2003). Older adults' use of information and communications technology in everyday life. *Ageing and Society*, 23, 561–582.

Slavin, M. J., Phillips, J. G., & Bradshaw, J. L. (1996). Visual cues and the handwriting of older adults: A kinematic analysis. *Psychology and Aging*, 3, 521–526.

Small, J. A., Lyons, K. A., & Kemper, S. (1997). Grammatical abilities in Parkinson's disease: Evidence from written sentences. *Neuropsychologia*, 35, 1571–1576.

Smith, C. D., Umberger, G. H., Manning, E. L., Slevin, J. T., Wekstein, D. R., Schmitt, F. A., et al. (1999). Critical decline in fine motor hand movements in human aging. *Neurology*, 53, 1458–1461.

Snowdon, D. A., Kemper, S. J., Mortimer, J. A., Greiner, L. H., Wekstein, D. R., & Markesbery, W. R. (1996). Linguistic ability in early life and cognitive function and Alzheimer's disease in later life: Findings from the Nun Study. *Journal of the American Medical Association*, 275, 528–532.

Stelmach, G., & Teulings, H. (1983). Response characteristics of prepared and restructured handwriting. *Acta Psychologica*, 54, 51–67.

Tomchek, S. D., & Schneck, C. M. (2005). Evaluation of handwriting. In A. Henderson & C. Pehoski (Eds.), *Hand function in the child: Foundations for remediation* (pp. 293–320). St. Louis, MO: Elsevier Health Sciences.

Tynjälä, P., Mason, L., & Lonka, K. (2001). *Writing as a learning tool: Integrating theory and practice*. Dordrecht, Netherlands: Kluwer Academic Publishers.

Walton, J. (1997). Handwriting changes due to aging and Parkinson's syndrome. *Forensic Science International*, 88, 197–214.

Weber, M., Eisen, A., Stewart, H., & Hirota, N. (2000). The split hand in ALS has a cortical basis. *Journal of the Neurological Sciences*, 180, 66–70.

Wellingham-Jones, P. (1989). *The mind/body connection: Neurophysiological basis for handwriting* (2nd ed.). Tehama, CA: PJW Publishing.

Wright, E. (1990). Evaluating the special role of time in the control of handwriting. *Acta Psychologica*, 82, 5–52.

Yorkston, K. M., Miller, R. M., & Strand, E. A. (2004). *Management of speech and swallowing disorders in degenerative diseases* (2nd ed.). Austin, TX: Pro-Ed.

Zhang, Y., Niu, J., Kelly-Hayes, M., Chaisson, C. E., Aliabadi, P., & Felson, D. T. (2002). Prevalence of symptomatic hand osteoarthritis and its impact on functional status among the elderly. *American Journal of Epidemiology*, 156, 1021–1027.

第七章
嗓音和运动性言语能力

Todd A. Bohnenkamp 博士,认证言语治疗师
Carlin F. Hageman 博士,认证言语治疗师

　　随着年龄的增长,我们的嗓音会发生很大的变化。虽然人们对老年人的喉部变化进行了很多研究,但是导致老年人嗓音变化的确切机制尚不清楚。发声的许多方面均会受年龄影响,这些方面的评量通过感知、电视频闪喉镜以及声学和生理学手段进行。现有研究主要侧重于发声的组织学、神经病学和肌学领域,同时也涉猎了老年人在言语上的性别差异。虽然大量文献着重讲述了嗓音方面,但也不乏关于老年人运动性言语能力的调研。言语过程中的一些变化不仅与年龄有关,还与一生的行为——尤其是吸烟有关。

　　本章将讨论老年人有着怎样的嗓音和运动性言语能力,哪些因素会对这些能力产生负面影响,出现哪些迹象时需要将老年人转诊给言语治疗师或其他医学专家,以及哪些策略有助于老年人的嗓音和运动性言语能力。本章还讨论了可用于评估和治疗的各种方法。本章末尾的"要点速览"对一些重要知识点进行了总结归纳。

老年人的正常嗓音和运动性言语能力

　　一些研究人员认为嗓音会出现增龄性变化(Baken,2005;Brown,Morris & Michel,1989;McGlone & Hollien,1963;Ramig & Ringel,1983)。这些变化包括音量减小、伴气息音、音调变高、柔韧性降低和声音颤抖。说话的基频(F_0)会

随着我们的成年而降低，再随着我们的衰老而上升。此外，老年人的发声频率范围会缩小。一些研究人员称，老年人声音的振幅和基频微扰值会有所增加。这些变化可能与说话者的生理差异（而不是年龄差异）有关。但总的来说，这些变化的出现意味着发声稳定性会随着年龄的增长而降低。Baken（2005）认为，老年人说话时的发声稳定性及对声音的控制均比不上年轻人。

声道本身的整体大小不会因衰老而改变，但口腔似乎会在一定程度上变大，而咽腔不会，这可能会使老年人声音的第一共振峰（F1）降低。文献表明，发声的变化（振幅和基频微扰）可能会随着年龄的增长而加剧，老年男性的音高可能会上升。气息音更集中出现在较高频段的老年女性声音中，因为其声门间隙出现了前移。腭咽功能和发音（除了较低的第一共振峰）似乎不会随着年龄而改变。在文献中，将运动性言语能力或嗓音的变化仅归因于年龄［如"喉部老化"（与年龄相关的喉部结构变化）或"老年性嗓音障碍"（喉部老化的感知特征变化）］的说法并不常见（Woo，Casper，Colton & Brewer，1992）。只有在仔细排除其他病因后，才能做出喉部老化的诊断。

影响嗓音和运动性言语能力的因素及问题的征兆

嗓音老化的声学征兆（信号）是发声器官变化的生理性结果。这些变化体现在呼吸、咽喉、发音和共鸣器官上，是组织学和行为学变化所导致的（Sataloff，1998）。目前，并没有能充分体现嗓音声学特性变化及其物理病因的典型案例，因此无法将病态嗓音与正常老年嗓音区分开。然而，老年人潜在的发声问题还是有迹可循的。

呼吸因素

呼吸器官会受肌肉骨骼系统变化的影响，变得更僵硬，且肌肉力量变弱。肺组织自身的一些变化会导致肺部滞留空气。这些变化的最终结果是，老年人常常呼吸不畅。这种现象在肺活量较高情况下的潮式呼吸中尤其明显；但一般不会对老年人的言语产生影响，除非受疾病影响——患病会让增龄性变化的补偿变得困难。

有一些因素会影响老年人的呼吸功能。总体而言，确定人们呼吸能力的增龄性变化是个相当复杂的过程。呼吸障碍可能是由衰老本身、患病（如肺结核、肺气肿、充血性心力衰竭等呼吸系统疾病），或由吸烟或接触工业和环境毒素导致的呼吸系统损伤所引起的。这些情况对呼吸均有负面影响；但是，即使是健康的成年人，肺功能也会随着年龄的增长而下降（Ayres，1990；Chan & Welsh，1998；Janssens，Pache & Nicod，1999）。老年女性呼吸系统的变化比男性更显著（Burrows，Cline，Knudson，Taussig & Lebowitz，1983；Hoit & Hixon，1987；Hoit，Hixon，Altman & Morgan，1989）。

呼吸器官的主要增龄性变化包括：弹性反冲力减小，胸壁（即胸廓、膈肌和腹部）顺应性降低以及呼吸肌力量变弱。反冲力的丧失与肋骨/椎关节钙化以及椎间隙变窄有关（Crapo，1993；Murray，1986）。除了钙化之外，椎骨骨质疏松症还会令脊柱压缩性或粉碎性骨折，从而导致背侧脊柱后凸（驼背）和前后胸壁变大（桶状胸）。Kahane（1980）也观察到骨性胸腔会随着年龄增长而变硬。

拥有充分顺应性和弹性的肺部对说话时的顺畅呼吸至关重要。Pierce 及Ebert（1965）称，随着年龄的增长，胸膜会失去弹性。说话时，我们需要通过呼吸肌肉组织将呼吸系统中的反力（如反冲力）与肌肉力量相结合，以维持说话所需的舌肌压力（Hixon，Goldman，Mead，1973；Hixon，Mead & Goldman，1976）。肺活量高，利于发声的反力将相应增加；肺活量低，则反力减少，因而需要肌肉力量来维持足够的声门下压。

肺部弹力（反冲力）降低也会导致反力减少，这么一来，说话就需要动用更多的肌肉力量。由于胸膜弹力降低以及胸腔变硬，老年人说话时需要更大的肺活量来产生更多反力，从而带动发声器官运作。然而，许多老年人都有肌无力的问题。Dhar、Shastri 和 Lenora（1976）以及 McKeown（1965）都曾表示，由于肌肉无力，即便肺活量较大，老年人的说话也会受到影响。老年人可以多进行一些吸气和呼气的肌肉活动来补偿其言语功能，但是肌无力现状或肌纤维量减少会妨碍这一补偿的顺利进行。膈肌力量会随着年龄的增长而减弱（Polkey，Harris，Hughes，Hamengard，Lyons & Moxham，1997）。Tolep、Higgins、Muza、Criner 及 Kelsen（1995）称，被归入"健康者"的老年男性的膈肌力量有所减弱。

此外，肋间肌横截面积也会变小，这意味着肌萎缩，很可能还有肌无力现象的存在（Brown & Hasser，1996；Tolep & Kelsen，1993）。当肌萎缩发生时，呼吸系统弹力变小，导致肺活量下降（Brown et al.，1989；Hoit & Hixon，1987；Kahane，1980，1981，1983，1987，1988，1990；Kendall，2007；Sperry & Klich，1992）。由于成功补偿言语功能需要更多的肌肉力量，老年人生病时很少有体力来抵抗疾病。对 20～70 岁的人来说,肺部空气滞留、肌无力和结构柔韧性丧失将导致肺中余气量增加 50%,同时肺活量下降到个人峰值的 75%。自然,老年人呼吸将耗用更多的肺活量,因为与年轻人相比,他们的功能余气量更高(即静息呼气水平增加),导致说话时可用的反力减少。因此,60 岁男性在潮式呼吸中消耗的能量比 20 岁男性多 20%(Janssens et al.,1999)。

呼吸肌力量也可能与个人的营养状况或体重有关。最大吸气压力和呼气压力与身体质量和体重呈负相关关系(Enright, Kronmal, Manolio, Schenker & Hyatt,1994)。此外,营养不良的患者表现出最大自主通气量减少和呼吸肌力量降低(Arora & Rochester,1982)。

现有文献称,外周肌肉组织力量随年龄增长(65 岁以上)而减弱,呼吸器官肌肉力量的变化就与这种说法吻合(Bassey & Harries,1993;Lexell,1997)。有意思的是,最大吸气和呼气压力与手掌握力密切相关(Enright et al.,1994)。肌肉力量减少的原因包括但不限于肌肉质量(肌纤维横截面面积和肌纤维量)减少、Ⅱ型肌纤维(又称"快缩肌纤维")减少、肌神经接合点改变和肌纤维(特别是Ⅱ型肌纤维)去神经化。

呼吸器官周围的气道必须始终处于开放状态,为换气提供最佳条件。由于气道支撑组织的缺失,这些气道很大一部分都不利于老年人说话时换气(Janssens, Pache & Nicod,1999)。气道周边支撑组织减少的结果是较小气道(2 mm 以下)出现塌陷趋势,使管腔变窄,并导致呼气时气体流速降低。呼气时末端细支气管(通道)变窄,而末端气道空气很多,将导致空气滞留(Meyer,2005)。因此,在潮式呼吸中可能会发生气道过早关闭(Crapo,1993)。此外,老年人肺泡较少,且每个肺泡的毛细血管也较少。所以,老年人的肺泡通气量/血液灌流量会减少,导致整个动脉系统的氧压降低。如果老年人尝试补偿这些呼吸障碍,他们可能会再次发现,当疾病或损伤对呼吸或注意力产生额外需求时,补偿是无法实现的。例如,患有严重慢性阻塞性肺病的人可能表现出呼吸困难、说话较短和说话音量控制能力差等。这些变化统统被称为"老年性肺气肿"(Verbeken, Cauberghs & Mertens,1992)。

老年人不仅难以补偿肌肉和结构变化,还必须应对高碳酸血症(血液中二氧化碳过多)或缺氧(血液中氧气过少)导致的敏感度降低的问题。这两种病症中的任何一种都可能导致血液值在心力衰竭或气道阻塞(如慢性阻塞性肺病)期间无法得到充分监测(Janssens et al.,1999)。总体而言,尽管老年人存在这些变化,但其休息和活动时的换气却维持不变。但是,如果老年人出现感染或心力衰竭,这些变化会导致活动(如说话)的代偿失调。

此外,老年人如果患有哮喘,常常不能被诊断出来。有意思的是,65 岁以上人群因哮喘而住院的比例却最高。哮喘是本应完好无损的一些能力(如吞咽能力)代偿失调的另一个潜在原因。在 20 世纪 80 年代,曾有报道称,65 岁以上的人,特别是同时患有多种疾病的,哮喘死亡率呈现上升趋势(Evans,Mullally,Wilson,Gergen,Rosenberg,Grauman et al.,1987;Moorman & Mannino,2001;Robin,1988;Sly,1984)。

喉部因素

据记载,人们的喉部会随着年龄而变化。这些变化包括:喉软骨骨化、肌肉减少和绝经后变化(Boulet & Oddens,1996;Hirano,Kurita & Nakashima,1983;R. Ryan,McDonald & Devine,1956)。老年男性的喉部骨化和组织退化比女性更明显(Kahane,1987,1988,1990)。

我们在聆听时,可以根据说话声和其他发声区分出年轻人和老年人的嗓音(Gorham-Rowan & Laures-Gore,2006;Linville & Fisher,1985a;Linville & Korabic,1986;Ptacek & Sander,1966;Ptacek,Sander,Maloney & Jackson,1966;W. Ryan & Burk,1974;Shipp & Hollien,1969)。我们利用从说话者身上得到的提示进行区分,这些提示不仅包括声学特征,还包括措辞方法、话语间的停顿、活力、迟疑、声音颤抖程度、辅音发音不准以及语速或发音清晰度降低(W. Ryan & Burk,1974)。老年人嗓音的其他特征包括挤喉音和音调降低等(Benjamin,1981;Ptacek & Sander,1966;Ptacek et al.,1966;W. Ryan & Burk,1974)。我们说话的基频会随着年龄的增长而下降,到 50 多岁后再逐渐上升(Sataloff,Rosen,Hawkshaw & Spiegel,1997)。

Orlikoff(1990)曾描述过年轻人、老年人和动脉粥样硬化患者在声学特征上的显著差异,但未说明基频差异。老年人和动脉粥样硬化患者的振幅和基频微扰值明显更高,这可能意味着人们 60 多岁时即进入“个人化老年”时期,类似于青春期前的变化。Orlikoff 和其他一些研究人员(Brown et al.,1989;Linville & Fisher,1985a)指出,与年龄组平均值相比,通过观察声学量表上增加的嗓音变化更能了解嗓音增龄性变化。具体来说,在区分老年人嗓音时,沙哑并非一个有效的提示,(F_0标准差)变化以及振幅和基频微扰值升高在病患以及普通老年人的声音中都是显而易见的（Davis，1979；Iwata，1972；Iwata & von Leden，1970；Kitajima & Gould，1976；Kitajima，Tanabe & Isshiki，1975）。Orlikoff 证实了 Ramig 和 Ringel（1983）的论点——可以通过身体状况，特别是心血管健康状况来区分老年人的噪音。

肌肉萎缩对喉部功能有显著影响。Ramig、Gray、Baker、Corbin-Lewis、Buder、Luschei 等人（2001）报告称，通过使用肌电描记法发现，老年人在说话时表现出甲状腺杓状肌和环杓侧肌肌电活性（幅度和发射率）下降。这些变化可能是由于肌肉萎缩或对喉部运动神经元池的外周或中枢驱动减少所致（Baker，Ramig，Luschei & Smith，1998；Baker，Ramig，Sapir，Luschei & Smith，2001；Luschei，Ramig，Baker & Smith，1999）。除了这些内在的肌肉变化之外，Jones（1994）还注意到了悬肌组织（提肌和降肌）在喉内的高度也有所降低。

喉内肌肉弱化也会导致音域变小。Linville、Skarin 和 Fornatto（1989）表示，音域会随着年龄的增长而变小，这意味着喉内肌变弱，从而使声带内收变少。带来的结果是，发声时可能会出现声门漏气现象，并因环甲肌变弱而显示出音域上限降低（见下文关于声门间隙的讨论）。

在喉部的变化中，性别也起着一定的作用：男性和女性在噪音增龄性变化上存在差异。说起这些变化，以女性更年期的变化来阐述最为贴切。女性在更年期声带质量会增加，这将导致声带的机械性能发生变化（Honjo & Isshiki，1980）；而男性则会因声门闭合不全而出现气息音，且随着年龄的增长，喉部张力会增强，致使其需要为声门闭合不全进行补偿（Ryan & Burk，1974）。

年轻和年长的女性说话时都会有明显的气息音，但这种气息音出自声门的不同位置（Linville，2002）。这两个年龄组均显示声门有间隙，间隙总面积无显著差异，位置却不相同。年轻女性的声音在 3 000 赫兹频段时会表现出较高的频谱噪声，表明声门后部存在间隙，杓状软骨分离是产生这一间隙的具体原因。而老年女性的声音在 6 000 赫兹频段时会表现出较高的频谱噪声。这是由于开商增加（即声带振动期间呈开放状态的时间变长）和猛烈吸气造成的，表明老年女性的声门较前位置存在间隙（Linville，1992）。

Linville（2001）认为这一发现令人困惑，因为有充分的证据可以驳斥老年人声门后部是闭合状态的说法。声门后部间隙的变化是女性特有的标志性变化，这种变化随着年龄的增长以不同的方式发生。事实上，增加声门后部内收可能是种补偿方法，因为声门前部无法充分发挥阀门的作用。男性随着年龄增长，声门间隙和开商会增加；然而，老年男性和年轻男性之间的差异并不显著。男性声门间隙的变化似乎对嗓音没有什么影响。

Sapienza 和 Dutka（1996）称，老年女性和年轻女性声门气流峰值测量值不同。与 Titze（1989）和 Holmberg、Hillman、Perkell 及 Guiod（1988）之前的研究结果一样，这一发现对于推测说话者的年龄几乎没有什么作用。这与 Kahane（1980）的论点相矛盾，Kahane 称，有解剖学证据可供推测老年女性的声门气流差异；对此，以往的声学研究报告中又另有见解（Awan，2006；DePinto & Hollien，1982；Ferrand，2002；Harnsberger，Shrivastav，Brown，Rothman & Hollien，2008；Higgins & Saxman，1991；Linville & Fisher，1985b；Mueller，Sweeney & Baribeau，1984；Russell，Penny & Pemberton，1995）。因此，喉部结构的增龄性变化并不一定会导致可揭示说话者年龄的功能性变化。

Biever 和 Bless（1989）曾选取 42 名女性进行了一项研究，他们将这些女性分成青年组和老年组。青年组平均年龄 25 岁，老年组平均年龄 69 岁。年轻女性和老年女性在基频、基频微扰或平均气流速率方面没有差异；但是，老年女性在各项测试中表现出了更大的可变性。两个年龄组的平均振幅微扰和基频微扰可变性之间有显著差异。这些研究人员称，通过使用电视频闪喉镜发现老年女性声带的振动特征有所不同（见表 7-1）。

表 7-1　年轻女性与老年女性声带振动特征对比（按出现概率降序排列）

观察现象	老年女性（%）	年轻女性（%）
声门闭合不全	90	80
非周期性	85	30
振幅变化	50～55	10
黏膜波变化	50	10
不对称	15	0
僵硬	5	5

资料来源：Biever & Bless（1989），经同意，做过适当改动。

Biever 和 Bless（1989）将声门闭合不全归因于肌肉质量下降和固有层中间层变薄。他们认为在老年女性身上发现这一现象并不奇怪。他们推测，非周期性声带振动是由于神经控制不稳定、疾病相关变化和气流动荡造成的。而黏膜波的改变则归因于声带水肿和干燥以及固有层表层变薄，这可在绝经后的女性身上观察到。最近的研究已经发现喉部神经肌肉系统的神经变化证据，这种神经变化可能导致肌肉不稳定，导致 Biever 和 Bless 所描述的非周期性声带振动（如以下人员的一些研究：Baker，Ramig，Luschei et al.，1998；Baker，Ramig，Sapir et al.，2001；Luschei et al.，1999；Ramig，Gray et al.，2001）。

人们还对男性的发声进行了研究。Shipp、Qi、Huntley 和 Hollien（1992）以 20～90 岁男性为对象研究了声学和时间的相关性。他们发现，与中年和青年男性相比，老年男性的基频最高，而且老年男性的测量值与其他两组男性明显不同。此外，老年男性的话语间有较长的停顿时间，并且，在发同样的音时，呼吸次数多于中年和青年男性，老年男性的说话时间也更长。

Verdonck-de Leeuw 和 Mahieu（2004）用 5 年时间研究了发声的增龄性变化。他们在研究报告中表示，老年人基频呈上升趋势，声音被认为越来越具有"挤喉感"，且其可自我察觉到嗓音在一天天发生变化，乃至开始回避大型聚会。此外，研究人员还认为老年人的声音有粗糙感，且微扰值上升、软发声指数出现变化。软发声指数增加可能反映了喉肌张力减退或声门闭合不全。

口咽因素

声道在衰老过程中也会发生变化。Xue 与 Hao（2003）对口咽结构的增龄性变化进行了研究。他们观察了 38 名年轻男女和 38 名老年男女声带长度和横截面直径的变化。通过使用声反射（AR）技术（Eccovision 声学口咽测量仪，加利福尼亚州约巴林达市森迪斯公司产品），他们发现，随着年龄的增长，女性和男性的声道大小变化趋势相似。Xue 与 Hao 还观察到，口腔会随着年龄的增长变长，但咽腔不会，整个声道的长度也不会。这些变化或许在降低老年人的第一共振峰频率上起了些作用，但这些研究人员提醒称，其他因素（如圆唇度）可能也会起一定作用。

Watson 和 Munson（2007）也曾提及老人的第一共振峰频率会降低，并且中元音发音会更加靠后，但他们未将这些变化归因于生理变化，而是论述了词频和元音密度（相邻单词的语音近似性）之间的相互影响，这种影响使得老年人的发音方法更加保守。他们认为，从生理角度来解释的力量问题与发音一点关系也没有，因为发音远远不需要动用最大力量。不过，他们也与 Xue 和 Hao（2003）一样，没有研究话语音量的变化。有意思的是，Watson 和 Munson（2007）明确指出，很难将老年人发音的所有变化皆归因于衰老，因为全社会的言语模式也会随着时间的推移而变化,老年人可能只是一直在使用过去的发音方法而已。

Hoit、Watson、Hixon、McMahon 及 Johnson(1994)对人们讲话时腭咽的闭合功能状况进行了研究。他们将研究对象分成了 4 个年龄组,其中最大年龄组为 80 岁以上,并对他们的鼻道气流进行了测评。结果未发现与年龄相关的鼻道气流变化。这一研究结果并未验证 Hutchinson、Robinson 及 Nerbonne(1978)的看法,后者认为腭咽功能会随着年龄的增长而退化。

问题迹象

Sataloff(1998)提醒我们,在诊断和治疗老年人的沟通问题时,需要考虑冠心病、脑血管疾病、高血压、肥胖症、中风、糖尿病、癌症、饮食、骨质疏松症、听力衰退、视力衰退、贫血症、关节炎、震颤等神经机能障碍、失禁和肠胃疾病等病症。由于生理储备的丧失,这些疾病可能会影响老年人的嗓音和说话。

喉部老化和老年性嗓音障碍的具体体征包括:喉部检查时可见声带弯曲,声带突隆起,形似"箭头"(Pontes,Brasolotto & Behlau,2005)。除了声带弯曲、室带可见或声带突隆起之外,女性可能比男性更容易出现声带水肿,而男性则更容易出现声带萎缩(Close & Woodson,1989)。声带弯曲是由声带结缔组织,特别是固有层的深层变化造成的(Boulet & Oddens,1996;Hirano et al.,1983;Ryan,McDonald & Devine,1956;Wilcox & Horii,1980)。

总的来说,如若老年人说话时出现干扰交流的气息音,需要转诊给言语治疗师或其他医疗专家。另外,某些声带振动特征也表明可能存在问题。如若老年人出现声门闭合不全、声带非周期性振动、振幅变化和黏膜波变化,均需转诊给言语治疗师或其他医疗专业人员。如果老年人嗓音有"挤喉感"或粗糙感,也应就医。

大多数老年人均能够应对口咽肌肉和结构的力量与柔韧性的下降,因为说话所需的力量远低于口腔肌肉组织所具备的最大力量。但是,可以预见的是,老年人的发音和共鸣能力会变弱,并且疾病可能会使老年人的言语能力出现突如其来的故障。

有助于老年人嗓音和运动性言语能力的策略

尽管喉部和呼吸器官会有所变化,但大多数健康老年人的发声行为仍有着

109

一如既往的表现。嗓音治疗对发声行为异常者颇有成效。Berg、Hapner、Klein及Johns(2008)称，接受嗓音治疗的老年人，其嗓音相关生活质量测量值更高。与那些接受治疗时被视为"三天打鱼两天晒网"的患者相比，更坚持执行嗓音治疗方案并参加更多期嗓音治疗的患者更有可能自觉症状得到了改善。坚持治疗的患者也比其他患者更有可能提前一个月接受喉科专家的复诊。

此外，Orlikoff(1990)报告称，身体健康的老年人的嗓音可能比动脉粥样硬化患者的嗓音更稳定，这或许表明，保持健康生活方式的人更有可能避免嗓音的增龄性变化。尽管许多老年人可能面临许多生理挑战（如吸烟变化、环境接触、脑中风），但仍可避免嗓音的增龄性变化。

虽然增龄性嗓音疾病只是很罕见的情况，但呼吸系统的增龄性变化却可能降低人们对后天疾病的补偿能力。具体而言，吸烟者更可能自觉嗓音在一天天变化，并表现出声音基频降低、"挤喉感"、粗糙感和基频微扰增加现象(Verdonck-Leeuw & Malieii, 2004)。着重加强肌肉活动的一些方法，如推拉运动，可能并不合适，因为这些运动可能导致机能亢进行为。而优化嗓音功能本身的策略（即嗓音功能练习或共鸣嗓音治疗）才更有可能改善嗓音，并且不会造成机能亢进。

检 测 与 评 估

不同年龄段的人在说话时存在诸多差异，有许多临床手段可用于评估、解读这些差异，以及治疗过程中的记录和反馈。尽管现代设备有着令人瞩目的能力和可靠性，但在言语和嗓音评估过程中收集的数据的有效性和可靠性却只取决于收集这些数据的人。收集数据时必须考虑许多可变因素。比如，在测量声音强弱时，要求麦克风到嘴的距离是恒定的，最好提供头戴式麦克风；使用手持麦克风虽便于移近说话人或从说话人处移开，但以这种方式收集的数据尽管客观却难以解读或无法使用。为确保数据收集得当而必须采取的措施不在本章讨论范围内；不过，有很多向临床医生和科学家等介绍收集客观测量数据的方法的实用文章，言语治疗师可以参考（如 Baken 及 Orlikoff 的研究报告，2000）。使用标准程序进行数据收集的重要性怎么强调也不为过。如果不贯彻标准方案和程序，就无法与以往的研究和常模数据进行比较。

感知评估

嗓音和异常严重程度的感知评估取决于言语治疗师受过的训练和拥有的经验以及所用量表的有效性。因此,很难为不同的言语治疗师和临床环境制定高信度的嗓音感知评估方法。言语治疗师有许多评估量表可用,每种量表均提供不同的测量方法和不同的信度和效度。"嗓音障碍评估量表"(即 GRBAS 量表,Hirano,1981)通常被用于评定以下方面:等级、粗糙感、气息音、乏力和紧张。然而,只有评定人员一致认同的极端评定结果才具有可靠性。严重异常和正常的嗓音评估皆很可靠,但言语治疗师对轻中度和中重度异常嗓音的评定却不太可能相同(DeKrom,1994)。此外,言语治疗师在聆听不同语言患者的嗓音时做出的个别类别的评定也不可靠(Yamaguchi, Shrivastav, Andrews & Nimi,2003)。最近,美国社会卫生学会制定了"嗓音共识听觉感知评量表"(2003),旨在更好地规范言语治疗师的感知评估。

除了临床医生的感知评估之外,还有专门为患者设计的检测方法,用于指出其嗓音问题的严重性以及语音障碍对其生活的影响。其中值得一提的检测方法包括"嗓音相关生活质量评估"(Hogikyan & Sethuraman,1999)和"嗓音障碍指数"(Jacobson,Johnson,Grywalski & Silbergleit,1977)。Karnell、Melton、Childes、Coleman、Dailey 及 Hoffman(2007)称,"嗓音障碍评估"和"嗓音共识听觉感知评量"这两种标准检测方法效果相当,均能可靠地描述嗓音问题;但是,患者自认为的嗓音评量尺度与嗓音的感知量表却没有密切联系。这一信息又是一个实例,证实了言语治疗师所报告的患者感知与言语治疗师感知不同的情况。

电视频闪喉镜检查

电视频闪喉镜检查通常被认为是评估嗓音异常的金标准,它实现了喉部和声带实况的可视化。但是,我们必须记住,电视频闪喉镜检查是对声音进行全面评估的一项主观技术。其中,产自美国新泽西州的型号 9295 的 KayPentax 数字电视频闪喉镜系统是自 20 世纪 90 年代初以来使用的电视频闪喉镜系列中的最新款产品。该款产品可以数字存储检查结果,并有患者数据库和声学分析软件。产自伦敦的喉动描记器 Lx Strobe3 有许多相同的功能。此类产品都能提供图像并保存,留待稍后解读,非常有益于进行治疗前后的对比。言语治疗师可以使用刚性喉镜或柔性喉镜进行间接喉镜检查。使用刚性喉镜时,需要拉住患者的舌头，且患者需要张大嘴巴；而使用柔性喉镜则可直观地看到喉部在更"典型"发声活动中的样子。所以说，每种技术都有优缺点。柔性内窥镜检查适用于所有年龄段的人，尤其适用于那些呕吐反射过度活跃的人。柔性内窥镜的主要优点是：患者能说话、唱歌、活动（部分动作）和吞咽；主要缺点是：图像的质量、亮度和放大倍率比用刚性内窥镜获得的图像差。由于硬性内窥镜可以将更多的光线传导到声带表面，所以刚性内窥镜对于记录黏膜波、声带完整结构（如识别沟状声带）以及声带振动的其他生物力学特点特别有用。

听觉检测

"KayPentax 计算机语音工作站"作为专用的硬件和软件平台，是一个全面的言语和嗓音分析系统。该系统包括多个附加程序，全面解决嗓音和言语的不同声学问题。值得一提的是，计算机语言工作站拥有异常嗓音数据库，其中有大量与正常和异常嗓音相关的声学检测常模数据。KayPentax Sona-Speech Ⅱ 和Multi-Speech 可以安装在笔记本电脑上，在包含计算机语音工作站大部分分析功能的同时，还便于携带。喉动描记器行业也推出了类似产品，如"Speech Studio"（嗓音工作站），可以通过标准的 USB 连接线连到笔记本电脑上。另外，德国福希海姆的嗓音分析系统 WEVOSYS 也有许多软件程序（例如"ling WAVES"系列）可用于嗓音诊所。这些产品均包含为充分评估所需要的全部检测功能，以及任何一个生命阶段的常模数据。

生理检测

KayPentax 最近发布了气压气流计（PAS）。通过使用气压气流计，言语治疗师可收集一些重要数据，用于全面评估患者说话时的平均发声流速、声压级、基频、肺活量、声门下压（导出）、声门阻力和效率参数；然而，目前尚无关于气压气流计使用的成熟常模数据。Glotta 公司的 Aeroview 系统具有与气压气流计类似的数据收集功能，并且可以轻松实现台式计算机到台式计算机或笔记本式计算机的数据传输，不需要专门的硬件配置。

除了上述提到的 KayPentax 和 Glottal 公司的软件程序之外，还有许多特殊的软件程序可供言语治疗师选用。TF32 是一款适用于 32 位 Windows 操作系统的时频分析软件程序（Milenkovic，2002），具有声学和空气动力学数据收集功能。比如，该标准程序可用于检测声音的强度、频率、声谱图、基频微扰值、振幅微扰值和信噪比,还可以根据诊所的需求进行量身定制。为使用该程序,有必要购买其他硬件,特别是空气动力学设备、麦克风和声卡。该程序在买进之时无任何常模数据,但在临床医生手中却是一个强大的工具,可以访问和充分解读常模数据。

腭咽评估

言语治疗师在评估腭咽闭合功能时,有许多硬件和软件可以选用。鼻声计Ⅱ(KayPentax)带有两只麦克风,中间以金属板隔开,放于说话者的鼻下,可以对其口腔和鼻腔的声能进行比较。该产品是言语学和嗓音学领域一项很成熟的工具,并且极其有效。该产品配有标准阅读段落以及"简易鼻声测量评估程序"(SNAP)(含有音节重复/长音测试、提供提示的图片测试及阅读测试;Kummer,2008),适用于儿童。"简易鼻声测量评估程序"的常模数据是针对儿科患者的。制造商指出,通过该产品获得的声音信号与腭咽闭合功能的空气动力学测量值相当一致。但是,这些声音信号并不能代替通过前述产品(PAS、TF32、Glottal公司产品)获得的生理检测值。Glottal公司的鼻测量可视化系统除了可以检测鼻腔和口腔压力之外,还可以提供声学信息。该产品可以为患者提供听觉反馈,以及鼻化度的直观反馈。在检查因运动性言语障碍和腭裂/颅面疾病导致的鼻音过重现象时,该产品不失为一项合适的工具。

总的来说,在评估老年人的嗓音和运动性言语能力时,言语治疗师有许多诊断工具可用。不过,需要对各个言语治疗师和各种临床环境下使用的程序进行标准化。本章提到了许多硬件和软件配置,但只有少数硬件和软件配置有可用的常模数据。其实,本章提到的设备只有在专业人员的操作下才能发挥良好作用,并且需要言语治疗师和科研人员尽心尽职地从研究中寻找适当的常模数据。只有这样,言语治疗师才可以用这些常模数据来解读患者的表现。

要 点 速 览

● **神经功能完好的老年人的嗓音和运动性言语的常见变化**
■ 这些变化包括音量减小、伴气息音、音调变高、柔韧性降低和声音颤抖
■ 基频(F_0)会随着我们的成年而降低,再随着衰老而上升
■ 发声稳定性降低

- 老年人音域变小,发声时间最长
- 发声变化(基频和振幅微扰)可能会随着年龄的增长而加剧
- 对老年人嗓音和言语变化的描述很少
- 做出增龄性变化的诊断时应谨慎,以免漏诊与增龄性变化很像的早期病症

● 对老年人嗓音和运动性言语能力有负面影响的因素

- 呼吸因素

  ○ 随着年龄的增长,呼吸器官变得僵硬和呼吸肌变弱是很常见的现象

  ○ 呼吸器官结构的弹性反冲随着肋骨/椎关节的钙化而减少

  ○ 椎骨骨质疏松症还会导致背侧脊柱后凸("驼背")和前后胸壁变大("桶状胸")

  ○ 胸膜失去弹性

  ○ 反冲力丧失,导致说话时需要更大的肺活量

  ○ 肌肉力量减弱,使得补偿机能在还有其他障碍的情况下很难维持或无法维持

  ○ 余气量和功能余气量增加

  ○ 肌力下降是由于以下原因

    □ 营养状况或体重

    □ 肌肉质量下降,包括肌纤维横截面积和肌纤维量减少

    □ Ⅱ型肌纤维(又称"快缩肌纤维")减少

    □ 肌神经接合点改变

    □ 肌纤维(特别是Ⅱ型肌纤维)去神经化

  ○ 周围气道失去支撑,变得狭窄

  ○ 末端气道处于开放状态,肺部易有空气滞留

  ○ 肺泡数量减少

  ○ 对高碳酸血症和缺氧症状敏感度降低

  ○ 哮喘

- 喉部因素

  ○ 肌肉萎缩

  ○ 性别

    □ 更年期变化令声带质量增加,导致声带机械性能发生变化

    □ 男性因声门闭合不全出现气息音,且喉部张力增强

        □ 男性和女性声门均有间隙,且声门间隙总面积大致相等

        □ 年轻女性较常有声门前间隙,产生的噪声处于较低频段;老年女性则常有声门后间隙,产生的噪声处于较高频段

        □ 男性声门间隙的位置和大小则无显著变化

        □ 绝经后的变化,如水肿和声带干燥,会导致黏膜波的变化

        □ 男性发声变化包括基频升高、话语间停顿时间变长和话语变长

  ■ 口咽因素

     ○ 随着年龄的增长,女性和男性的声道大小变化趋势相似

     ○ 口腔会随年龄增长而变长,但咽腔和声道的总长度不变;可能导致第一共振峰降低

     ○ 腭咽功能似乎不会随着年龄而改变

● **出现以下迹象时应将老年人转诊给言语治疗师或其他医疗专家**

  ■ 说话伴有气息音,妨碍交流

  ■ 出现喉部老化和老年性嗓音障碍症状:声带弯曲,声带突隆起,形似"箭头",以及室带可见

  ■ 以下声带振动特征

     ○ 声门闭合不全

     ○ 非周期性振动

     ○ 振幅变化

     ○ 黏膜波变化

  ■ 声音被评定为有"挤喉感"或粗糙感,患者自觉嗓音在一天天变化或回避大型聚会等社交场合

  ■ 言语能力突现障碍

● **有助于老年人嗓音和运动性言语能力的策略**

  ■ 接受嗓音治疗和学习优化嗓音功能的策略,如嗓音功能练习或共鸣嗓音治疗

  ■ 保持身体健康

  ■ 不吸烟

  ■ 不使用着重加强肌肉活动的运动方法,如力求改善闭合度的推拉运动,因为这些运动可能导致机能亢进行为

● **检测与评估**

  ■ 嗓音和异常严重程度的感知评估取决于临床医生受过的训练和拥有的经

验以及所用量表的有效性

■ 感知评估工具包括：嗓音障碍评估量表、嗓音共识听觉感知评量表、嗓音相关生活质量评估和声音障碍指数。

■ 电视频闪喉镜检查被认为是评估嗓音异常的金标准，但这项技术实际上具有主观性

■ 进行电视频闪喉镜检查时，有柔性和刚性内窥镜可以选用

■ 声学测量工具包括："计算机语音工作站""Sona-Speech Ⅱ""Multi-Speech"、喉动描记器、"32 位时频分析系统"和"WEVOSYS 嗓音分析系统"

■ 生理检测仪器包括：气流气压计和 Aeroview 系统

■ 鼻声计Ⅱ和鼻测量可视化系统可用于评估腭咽功能

■ 尽管有许多诊断工具可供使用，但各个言语治疗师和各种临床环境下的程序缺乏标准化

思 考 题

1. 基频增加会从某一个特定的年龄开始吗？

2. 什么会导致老年人的音质有"挤喉感"？

3. 你认为老年人的嗓音有什么样的特征？

4. 男性和女性嗓音的增龄性变化是否受到了激素的影响？

参 考 文 献

American Speech-Language-Hearing Association (2003). CAPE-V; Consensus Auditory-Perceptual Evaluation of Voice. Rockville, MD: Division 2.

Arora N. S., & Rochester, D. F. (1982). Respiratory muscle strength and maximal voluntary ventilation in undernourished patients. *American Review of Respiratory Disease*, 126, 5–8.

Awan, S. N. (2006). The aging female voice: Acoustic and respiratory data. *Clinical Linguistics and Phonetics*, 20, 171–180.

Ayres, J. G. (1990). Late onset asthma. *British Medical Journal*, 300, 1602–1603.

Baken, R. J. (2005). The aged voice: A new hypothesis. *Journal of Voice*, 19, 317–325.

Baken, R. J., & Orlikoff, R. F. (2000). *Clinical measurement of speech and voice* (2nd ed.). San Diego, CA: Singular Publishing.

Baker, K. K., Ramig, L. O., Luschei, E. S., & Smith, M. E. (1998). Thyroarytenoid muscle activity associated with hypophonia in Parkinson disease and aging. *Neurology*, 51, 1592–1598.

Baker, K. K., Ramig, L. O., Sapir, S., Luschei, E. S., & Smith, M. E. (2001). Control of vocal loudness in young and old adults. *Journal of Speech, Language, and Hearing Research*, 44, 297–305.

Bassey, E. J., & Harries, U. J. (1993). Normal values for handgrip strength in 920 men and women aged over 65 years, and longitudinal changes over 4 years in 620 survivors. *Clinical Science*, 84, 331–337.

Benjamin, B. J. (1981). Frequency variability in the aged voice. *Journal of Gerontology*, 36, 722–726.

Berg, E. E., Hapner, E., Klein, A., & Johns, M. M., III. (2008). Voice therapy improves quality of life in age-related dysphonia: A case-control study. *Journal of Voice*, 22, 70–74.

Biever, D., & Bless, D. (1989). Vibratory characteristics of the vocal folds of young adult and geriatric women. *Journal of Voice*, 3, 120–131.

Boulet, M. J., & Oddens, B. J. (1996). Female voice changes around and after the menopause: An initial investigation. *Maturitas*, 23, 15–21.

Brown, M., & Hasser, E. (1996). Complexity of age-related change in skeletal muscle. *Journals of Gerontology Series A: Biological Sciences and Medical Sciences*, 51, 117–123.

Brown, W., Morris, R., & Michel, J. (1989). Vocal jitter in young adult and aged female voices. *Journal of Voice*, 3, 113–119.

Burrows, B., Cline, M. G., Knudson, R. J., Taussig, L. M., & Lebowitz, M. D. (1983). A descriptive analysis of the growth and decline of the FVC and FEV1. *Chest*, 83, 717–724.

Chan, E. D., & Welsh, C. H. (1998). Geriatric respiratory medicine. *Chest*, 114, 1704–1733.

Close, L. G., & Woodson, G. E. (1989). Common upper airway disorders in the elderly and their management. *Geriatrics*, 44, 67–71.

Crapo, R. O. (1993). The aging lung. In D. A. Mahler (Ed.), *Pulmonary disease in the elderly patient* (vol. 63, pp. 1–21). New York: Marcel Dekker.

Davis, S. B. (1979). Acoustic characteristics of normal and pathological voices. In N. J. Lass (Ed.), *Speech and language: Advances in basic research and practice* (vol. 1, pp. 271–335). New York: Academic Press.

DeKrom, G. (1994). Consistency and reliability of voice quality ratings for different types of speech fragments. *Journal of Speech and Hearing Research*, 37, 985–1000.

De Pinto, O., & Hollien, H. (1982). Speaking fundamental frequency characteristics of Australian women: Then and now. *Journal of Phonetics*, 10, 367–375.

Dhar, S., Shastri, S. R., & Lenora, R. A. K. (1976). Aging and the respiratory system. *Medical Clinics of North America*, 60, 1121–1139.

Enright, P. L., Kronmal, R. A., Manolio, T. A., Schenker, M. B., & Hyatt, R. E. (1994). Respiratory muscle strength in the elderly: Correlates and reference values. *American Journal of Respiratory and Critical Care Medicine*, 149, 430–438.

Evans, R., Mullally, D. I., Wilson, R. W., Gergen, P. J., Rosenberg, H. M., Grauman, J. S. et al., (1987). National trends in the morbidity and mortality of asthma in the US: Prevalence, hospitalization, and death from asthma over two decades: 1965–1984. *Chest*, 91, 65S–74S.

Ferrand, C. (2002). Harmonics-to-noise ratio: An index of vocal aging. *Journal of Voice*, 16, 480–487.

Glottal Enterprises. *Glottal Enterprises Aeroview System*. Syracuse, NY: author.

Gorham-Rowan, M. M., & Laures-Gore, J. (2006). Acoustic-perceptual correlates of voice quality in elderly men and women. *Journal of Communication Disorders*, 39, 171–184.

Harnsberger, J. D., Shrivastav, R., Brown, W. S., Jr., Rothman, H., & Hollien, H. (2008). Speaking rate and fundamental frequency as cues to perceived age in speech. *Journal of Voice*, 22, 58–69.

Higgins, M. B., & Saxman, J. H. (1991). A comparison of selected phonatory behaviors of healthy aged and young adults. *Journal of Speech and Hearing Research*, 34, 1000–1010.

Hirano, M. (1981). *Clinical examination of voice*. New York: Springer-Verlag.

Hirano, M., Kurita, S., & Nakashima, T. (1983). Growth, development and aging of human vocal fold. In D. M. Bless and J. H. Abbs (Eds.), *Vocal fold physiology* (pp. 22–43). San Diego, CA: College-Hill.

Hixon, T. J., Goldman, M. D., & Mead, J. (1973). Kinematics of the chest wall during speech production: Volume displacements of the rib cage, abdomen, and lung. *Journal of Speech and Hearing Research*, 16, 78–115.

Hixon, T. J., Mead, J., & Goldman, M. D. (1976). Dynamics of the chest wall during speech production: Function of the thorax, rib cage, diaphragm, and abdomen. *Journal of Speech and Hearing Research*, 19, 297–356.

Hogikyan, N. D., & Sethuraman, G. (1999). Validation of an instrument to measure voice-related quality of life (V-RQOL). *Journal of Voice*, 13, 557–569.

Hoit, J. D., & Hixon, T. J. (1987). Age and speech breathing. *Journal of Speech and Hearing Research*, 30, 351–366.

Hoit, J. D., Hixon, T. J., Altman, M. E., & Morgan, W. J. (1989). Speech breathing in women. *Journal of Speech and Hearing Research*, 32, 353–365.

Hoit, J., Watson, P., Hixon, K., McMahon, P., & Johnson, C. (1994). Age and velopharyngeal function during speech production. *Journal of Speech and Hearing Research*, 37, 295–302.

Holmberg, E. B., Hillman, R. E., Perkell, J. S., & Guiod, P. C. (1988). Comparisons among aerodynamic, electroglottographic, and acoustic spectral measures of female voice. *Journal of Speech and Hearing Research*, 38, 1212–1223.

Honjo, I., & Isshiki, N. (1980). Laryngoscopic and voice characteristics of aged persons. *Archives of Otolaryngology*, 106, 149–150.

Hutchinson, J., Robinson, K., & Nerbonne, M. (1978). Patterns of nasalance in a sample of normal gerontologic subjects. *Journal of Communication Disorders*, 11, 469–481.

Iwata, S. (1972). Periodicities of perturbations in normal and pathologic larynges. *Laryngoscope*, 82, 87–95.

Iwata, S., & von Leden, H. (1970). Pitch perturbations in normal and pathological voices. *Folia Phoniatrica*, 22, 413–424.

Jacobson, B., Johnson, A., Grywalski, C., & Silbergleit, A. (1977). The voice handicap index (VHI): Development and validation. *American Journal of Speech Language Pathology*, 6, 66–70.

Janssens, J. P., Pache, J. C., & Nicod, L. P. (1999). Physiological changes in respiratory function associated with ageing. *European Respiratory Journal*, 13, 197–205.

Jones, B. (1994). The pharynx: Disorders of function. *Radiologic Clinics of North America*, 32, 1103–1115.

Kahane, J. C. (1980). Age-related histological changes in the human male and female laryngeal cartilages: Biological and functional implications. In V. Lawrence (Ed.), *Transcripts of the Ninth Symposium: Care of the Professional Voice*. New York: The Voice Foundation.

Kahane, J. C. (1981). Changes in the aging peripheral speech mechanism. In D. S. Beasley & G. A. Davis (Eds.), *Aging: Communication processes and disorders*. New York: Grune & Stratton.

Kahane, J. C. (1983). A survey of age-related changes in the connected tissues of the adult human larynx. In D. Bless & J. Abbs (Eds.), *Vocal physiology*. San Diego, CA: College Hill Press.

Kahane, J. (1987). Connective tissue changes in the larynx and their effects on voice. *Journal of Voice*, 1, 27–30.

Kahane, J. (1988). Age related changes in the human cricoarytenoid joint. In O. Fujimara (Ed.), *Vocal physiology: Voice production, mechanisms, and functions*. New York: Raven.

Kahane, J. (1990). Age-related changes in the peripheral speech mechanism: Structural and physiological changes. In E. Cherow (Ed.), *Proceedings of the Research Symposium on Communication Skills and Aging* (pp. 75–87). Rockville, MD: American Speech-Language-Hearing Association.

Karnell, M. P., Melton, S. D., Childes, J. M., Coleman, T. C., Dailey, S. A., & Hoffman, H. T. (2007). Reliability of clinician-based (GRBAS and CAPE-V) and patient-based (V-RQOL and IPVI) documentation of voice disorders. *Journal of Voice, 21* (5), 576–590.

Kay Pentax (2008). *Digital video stroboscopy system; Model 9295.* Retrieved from http://www.kayelemetrics.com/Product%20Info/Strobe%20Systems/9295.htm

Kendall, K. (2007). Presbyphonia: A review. *Current Opinion in Otolaryngology and Head and Neck Surgery, 15,* 137–140.

Kitajima, K., & Gould, W. J. (1976). Vocal shimmer in sustained phonation of normal and pathologic voice. *Annals of Otolaryngology, 85,* 377–381.

Kitajima, K., Tanabe, M., & Isshiki, N. (1975). Pitch perturbation in normal and pathological voice. *Studia Phonologica, 9,* 25–32.

Kummer, A. W. (2008). *Cleft palate and craniofacial anomalies: Effects on speech and resonance* (2nd ed.). San Diego, CA: Singular.

Laryngograph. LxStrobe3 digital precision stroboscopy. Retrieved from http://www.laryngograph.com/pr_lxstrobe.htm on December 1, 2009.

Lexell, J. (1997). Evidence for nervous system degeneration with advancing age. *Journal of Nutrition, 5 Suppl.t,* 1011S–1013S.

Linville, S. (1992). Glottal configurations in two age groups of women. *Journal of Speech and Hearing Research, 35,* 1209–1215.

Linville, S. E. (2001). *Vocal aging.* San Diego, CA: Singular Publishing Group.

Linville, S. (2002). Source characteristics of aged voice assessed from long-term average spectra. *Journal of Voice, 16,* 472–479.

Linville, S., & Fisher, H. (1985a). Acoustic characteristics of perceived versus actual age in controlled phonation by adult females. *Journal of the Acoustical Society of America, 78,* 40–48.

Linville, S., & Fisher, H. (1985b). Acoustic characteristics of women's voices with advancing age. *Journal of Gerontology, 40,* 324–330.

Linville, S. E., & Korabic, E. W. (1986). Elderly listeners' estimates of vocal age in adult females. *Journal of the Acoustical Society of America, 80,* 692–694.

Linville, S. E., Skarin, B. D., & Fornatto, E. (1989). The interrelationship of measures related to vocal function, speech rate, and laryngeal appearance in elderly women. *Journal of Speech and Hearing Research, 32,* 323–330.

Luschei, E. S., Ramig, L. O., Baker, K. L., & Smith, M. E. (1999). Discharge characteristics of laryngeal single motor units during phonation in young and older adults and in persons with Parkinson disease. *Journal of Neurophysiology, 81,* 2121–2139.

McGlone, R., & Hollien, H. (1963). Vocal pitch characteristics of aged women. *Journal of Speech and Hearing Research, 6,* 164–170.

McKeown, F. (1965). *Pathology of the aged.* London: Butterworths.

Meyer, K. C. (2005). Aging. *Proceedings of the American Thoracic Society, 2,* 433–439.

Milenkovic, P. (2002). *TF32 time frequency analysis software program for 32-bit Windows* [Computer software]. Madison, WI: author.

Moorman, J. E., & Mannino, D. M. (2001). Increasing U. S. asthma mortality rates: Who is really dying? *Journal of Asthma, 38,* 65–71.

Mueller, P. B., Sweeney, R. J., & Baribeau, L. J. (1984). Acoustic and morphologic study of the senescent voice. *Ear, Nose, and Throat Journal, 63,* 71–75.

Murray, J. F. (1986). Aging. In J. F. Murray (Ed.), *The normal lung.* Philadelphia: W. B. Saunders.

Orlikoff, R. (1990). The relationship between age and cardiovascular health to certain acoustic characteristics of male voices. *Journal of Speech and Hearing Research, 33,* 450–457.

Pierce, J. A., & Ebert, R. V. (1965). Fibrous network of the lung and its change with age. *Thorax, 20,* 469–476.

Polkey, M. I., Harris, M. L., Hughes, P. D., Hamengard, C. H., Lyons, D., & Moxham, J. (1997). The contractile properties of the elderly human diaphragm. *American Journal of Respiratory and Critical Care Medicine, 155,* 1560–1564.

Pontes, P., Brasolotto, A., & Behlau, M. (2005). Glottic characteristics and voice complaint in the elderly. *Journal of Voice, 19,* 84–94.

Ptacek, P., & Sander, E. (1966). Age recognition from voice. *Journal of Speech and Hearing Research, 9,* 273–277.

Ptacek, P., Sander, E., Maloney, W., & Jackson, C. (1966). Phonatory and related changes with advanced age. *Journal of Speech and Hearing Research, 9,* 353–360.

Ramig, L. O., Gray, S., Baker, K., Corbin-Lewis, K., Buder, E., Luschei, E., et al. (2001). The aging voice: A review, treatment data, and familial and genetic perspectives. *Folia Phoniatrica et Logopaedica, 53,* 252–265.

Ramig, L., & Ringel, R. (1983). Effects of physiological aging on selected acoustic characteristics of voice. *Journal of Speech and Hearing Research, 26,* 22–30.

Robin, E. D. (1988). Risk benefit analysis in chest medicine: Death from bronchial asthma. *Chest, 93,* 614–618.

Russell, A., Penny, L., & Pemberton, C. (1995). Speaking fundamental frequencychanges over time in women: A longitudinal study. *Journal of Speech and Hearing Research, 38,* 101–109.

Ryan, R. F., McDonald, J. R., & Devine, K. D. (1956). Changes in laryngeal epithelium: Relation to age, sex, and certain other factors. *Mayo Clinic Proceedings, 31,* 47–52.

Ryan, W., & Burk, K. (1974). Perceptual and acoustic correlates in the speech of males. *Journal of Communication Disorders, 7,* 181–192.

Sapienza, C., & Dutka, J. (1996). Glottal airflow characteristics of women's voice production along an aging continuum. *Journal of Speech and Hearing Research, 39,* 322–328.

Sataloff, R. T. (1998). *Vocal health and pedagogy.* San Diego, CA: Singular.

Sataloff, R. T., Rosen, D. C., Hawkshaw, M., & Spiegel, J. R. (1997). The aging adult voice. *Journal of Voice, 11,* 156–160.

Shipp, T., & Hollien, H. (1969). Perception of the aging male voice. *Journal of Speech and Hearing Research, 12,* 703–712.

Shipp, T., Qi, Y., Huntley, R., & Hollien, H. (1992). Acoustic and temporal correlates of perceived age. *Journal of Voice, 6,* 211–216.

Sly, R. M. (1984). Increases in deaths from asthma. *Annals of Allergy, 53,* 20–25.

Sperry, E. E., & Klich, R. J. (1992). Speech breathing in senescent and younger women during oral reading. *Journal of Speech and Hearing Research, 35,* 1246–1255.

Titze, I. R. (1989). Physiologic and acoustic differences between male and female voices. *Journal of the Acoustical Society of America, 85,* 1699–1707.

Tolep, K., Higgins, N., Muza, S., Criner, G., & Kelsen, S. (1995). Comparison of diaphragm strength between healthy adult elderly and young men. *American Journal of Respiratory and Critical Care Medicine, 152,* 677–682.

Tolep, K., & Kelsen, S. (1993). Effect of aging on respiratory skeletal muscles. *Clinics in Chest Medicine, 14,* 363–378.

Verbeken, E., Cauberghs, M., & Mertens, I. (1992). The senile lung. Comparison with normal and emphysematous lungs. I: Structural aspects. *Chest, 101,* 793–799.

Verdonck-de Leeuw, I. M., & Mahieu, H. F. (2004). Vocal aging and the impact on daily life: A longitudinal study. *Journal of Voice, 18,* 193–202.

Watson, P. J. & Munson, B. (2007). A comparison of vowel acoustics in older and younger adults. *International Congress of Phonetic Sciences*, 16, 561–564.

WEVOSYS, Forcheim, Germany. http://www.wevosys.com.

Wilcox, K., & Horii, Y. (1980). Age and changes in vocal jitter. *Journal of Gerontology*, 35, 194–198.

Woo, P., Casper, J., Colton, R., & Brewer, D. (1992). Dysphonia in the aging: Physiology versus disease. *Laryngoscope*, 102, 139–144.

Xue, S. A., & Hao, G. J. (2003). Changes in the human vocal tract due to aging and the acoustic correlates of speech production: A pilot study. *Journal of Speech, Language and Hearing Research*, 46, 689–701.

Yamaguchi, H., Shrivastav, R., Andrews, M. L., & Niimi, S. (2003). A comparison of voice quality ratings made by Japanese and American listeners using the GRBAS scale. *Folia Phoniatrica et Logopedia*, 55 (3), 115–127.

第八章
吞 咽

Julia D. Edgar 博士，认证言语治疗师

与吃相关的词语，如"吃饭""食物"及"饮料"，会让人产生无数联想，包括社交、营养和慰藉等。当我们准备吃饭时，常常会期待有朋友和/或家人的相伴。食物烹饪过程中传出的香味和端到眼前的菜肴轰炸着我们的感官。随着对第一口滋味的预期，唾液开始分泌，从一开始食物被端上来到送入嘴里，实际的吞咽行为就开始了。但是我们在品尝食物的质地和味道时，通常很少会思索吞咽的解剖学和生理学基础。而关于老年人的吞咽能力会随着时间的推移而退化，我们就想得更少了。临床医生和研究人员已经测定出，人们的正常吞咽能力会随着年龄的增长逐渐退化。吞咽能力的这些变化被称为"老年性吞咽障碍"（或称"吞咽功能老化"）。像其他增龄性变化一样，老年性吞咽障碍与生理年龄的联系比与实际年龄的联系更密切，生理年龄的增长状况在人与之人间存在着巨大差异，导致老年人口的整体异质性。此外，还有一些问题并不只局限于老年人，只不过在老年人中似乎比在年轻人中更明显而已。这些问题，例如口腔干燥症（即口干），可能会使老年人的吞咽过程更加麻烦。

老年性吞咽障碍的研究主要针对的是经过仔细筛选的受试人群，因此这些受试者身上不存在老年人常见的共病。根据这些数据，我们了解到，没有共病的老年人可能有吞咽能力老化现象，但不存在吞咽困难。吞咽困难本身不是一种疾病，而是一种或多种潜在疾病的症状（Groher & Bukatman，1986）。众所周知，神经障碍和头颈癌会导致吞咽困难。但是，对于患有神经疾病和癌症以外共病（如糖尿病、充血性心力衰竭或其他老年人常见疾病）的老年人，吞咽困难的信

息很少甚至根本没有(Kuhlemeier,1994)。因此,有的老年人的老年性吞咽障碍会加重,变成吞咽困难,而有的老年人则不会。尽管患有共病的老年患者更有可能出现吞咽障碍,但何时以及哪类人会表现出吞咽困难尚不明确,这也使得人们难以预测和认识这一问题。让老年人吞咽困难的诊断更捉摸不定的是,许多老年人病况复杂,而增龄性吞咽困难起病隐匿,很可能被其他更明显的病情所掩盖。由于年龄与吞咽关系的差异,老年人及其家人与许多医务人员没有预见到吞咽能力的潜在恶化,因此不太可能对吞咽功能的变化进行监测。即使当人们开始出现吞咽困难时,他们也可能会将其归因于自然衰老,而不会向医生提及(Bloem et al.,1990)。因此,他们一直对诊断性检查和可获得的治疗不太了解。这也是言语治疗师需要熟悉固有的一些增龄性吞咽变化的主要原因。

　　本章将讨论老年人通常应该有怎样的吞咽能力,哪些因素会对老年人的吞咽功能产生负面影响,出现哪些迹象时需要转诊给言语治疗师或其他医学专家,以及哪些策略可以帮助有吞咽困难的老年人。本章末尾的"要点速览"对一些重要知识点进行了总结归纳。

老年人的正常吞咽能力

　　与医学筛查模式相关的术语(Goldberg & Wittes,1981)可以用于描述吞咽功能从年轻时的健康状态到老化再到吞咽困难的变化过程。年轻时的吞咽功能代表着正常状态。本章将以年轻人的吞咽特征为基点,与吞咽功能在老年时和形成吞咽困难症时的变化进行比较。研究表明,吞咽功能的增龄性变化可能早在45岁就开始了。吞咽功能解剖学和生理学基础的该等增龄性变化,从生物学上来说是存在的,但是没有任何症状,并且无法被当今的医学技术检测到,处于潜伏状态。这些变化发展到一定程度后,可以通过专门的检测方法检测到,但仍然没有任何症状,这时便进入了临床前状态。许多文献中所描述的健康老年人的增龄性变化都体现了这种临床前状态。这一研究领域的受试者通常均经过筛选,他们具有老年性吞咽障碍的特征,但未罹患可能加剧吞咽功能变化的疾病。最初,吞咽功能的这些变化不太会影响功能性营养与人体水分。但是,这些变化累积到一个点之后会开始恶化,自此,甚至在未罹患某种疾病的情况下,老年性吞咽障碍转变为吞咽困难。吞咽困难表现出症状并可在常规护理中检测到,即意味着处于临床状态。

健康年轻人的正常吞咽功能：供比较的基点

人们的吞咽生理过程通常被描述为三个不连续的阶段，但事实上吞咽是一个动态的和叠加的过程。口腔期、咽期和食管期构成了整个吞咽过程。

口腔期又分为口腔准备期和口腔运输期。口腔准备期的时间长短取决于食物和液体的一口量或吞咽量、温度、质地及味道。固体食物的口腔准备需要咀嚼、唾液润滑和舌头运动。咀嚼过的食物（食团）会变软，通过口腔经由舌沟被输送到咽部。液体无需口腔准备，直接经由舌沟输送到咽部。口腔运输的时间约为一秒钟。

咽期的时间安排和叠加机制协调一致，可以确保食物和液体被送至胃部，而不是气道或鼻腔通道。咽期由 6 个关键部分组成（Logemann，1998）：① 上提和缩回软腭以达到腭咽完全闭合；② 舌骨和喉部上抬及前移；③ 喉部闭合，呼吸暂停；④ 环咽括约肌打开；⑤ 抬高舌根；⑥ 咽缩肌由上而下收缩。咽期约为一秒钟。

食管期开始于食团首次通过环咽括约肌，结束于食团通过食管下端括约肌进入胃部。食管期为 8～20 秒。

老年性吞咽障碍的潜伏状态：吞咽功能随年龄衰退的生理原因

一些文献从解剖学和生理学角度出发，记载了老年人吞咽功能的许多潜在变化。神经系统的变化包括神经传导速度和神经递质水平降低（Weismer & Liss，1991）。增龄性肌肉萎缩和纤维化会导致构造运动的范围、速度和精确性下降。比如，在人体翼外肌（张嘴时会用到的肌肉）和二腹肌（张嘴和舌骨抬高时会用到的肌肉）中可见不同的肌纤维组成变化（Monemi，Liu，Thornell & Eriksson，2000）。舌头中的脂肪含量以每 10 年约 2.7% 的速度增加，可能导致舌头肌少症（增龄性肌肉质量和力量衰退）（Rother，Wohlgemuth，Wolff & Rebentrost，2002）。喉部的增龄性变化也值得注意。文献中记载的现象包括：运动单位的发放率降低（Luschei，Ramig，Baker & Smith，1999；Takeda，Thomas & Ludlow，2000），喉部肌纤维萎缩及退化（Malmgren，Fisher，Jones，Bookman & Uno，2000），喉软骨骨化（Casiano，Ruiz & Goldstein，1994），喉软骨关节面不规则性增加（Casiano et al.，1994；Kahn & Kahane，1986），咽部和喉部感觉减弱（Aviv，1997；Aviv et al.，1994）等。

这些变化最终会一起导致吞咽机能退化,使吞咽变得缓慢,而吞咽机能的正常作用依赖于快速、协调良好的吞咽行为。神经和感官受体的退化也可能导致对结构位置、运动和接触的认知减弱。

老年性吞咽障碍的临床前状态:可检测到吞咽功能的变化

研究人员曾对健康的年轻人与老年人进行过单次吞咽测试,让受试者吞咽大小一定的食团,并对他们的吞咽功能进行比较。这项研究为人们揭示了吞咽能力的诸多增龄性变化。研究人员注意到了咽部的运动范围,并认为这是为了补偿吞咽方面的其他变化,如食管上端括约肌打开时间变短(Logemann,Pauloski,Rademaker & Kahrilas,2002;Logemann,Pauloski,Rademaker,Colangelo,Kahrilas & Smith,2000)。与食团运输时间会有所延长一样(Tracy et al.,1989;Shaw et al.,1995),老年人的口咽运动时间亦是如此(Kendall & Leonard,2001;Logemann et al.,2000;Rademaker,Pauloski,Colangelo & Logemann,1998;Robbins,Hamilton,Lof & Kempster,1992)。研究人员还注意到老年人构造运动的减少(Leonard,Kendall & McKenzie,2004;Logemann et al.,2000)。与年轻受试者相比,老年受试者的舌肌等长收缩力显著降低(Mortimore,Fiddes,Stephens & Douglas,1999;Robbins,Levine,Wood,Roecker & Luschei,1995),但是这两个年龄组的人在吞咽时都能产生同等舌压。舌肌等长收缩力和吞咽舌压之间的差异被称为"储备压力"。随着年龄渐长,储备压力减少,吞咽器官更容易受到疾病危害。Nicosia 等人(2000)还发现,老年人在舌肌等长收缩力降低的同时,比年轻人需要更长的时间以达到最大等长收缩力。中年受试者在用力吞咽时可以产生比老年人更高的舌压(Hind,Nicosia,Roecker,Carnes & Robbins,2001)。

还有一些研究人员进了吃喝功能测试,揭示了单次吞咽测试中所未发现的年轻人和老年人之间的差异。例如,他们的咽期开始于口腔的不同位置。老年人的咽期从食团进入供蓄积咀嚼过的食物的会厌谷开始,连续的液体吞咽从经过下颌支开始;而年轻人的咽部吞咽则从前腭弓开始。Daniels 等人(2004)发现,老年人在连续吞咽液体时更有可能发生液体呛入气管的情况,尽管他们的误吸发生率未出现变化。研究人员曾对老年患者进行过一项反复吸吮式吞咽测试,他们注意到,老年受试者在 17 项测试参数中有 50% 以上与年轻受试者不同(Nilsson,Ekberg,Olsson & Hindfelt,1996)。在单次吞咽测试中,老年受试者吸咽时间较短,需要多次吞咽才能将口中的食物吞干净。在强制性反复吞咽测试中,老年受试者的吸咽压力峰值降低,食团量减少,进食间隔延长,吞咽能力降低,喉部出现多阶段运动并伴有咳嗽。

如前所述,并非所有老年人的老年性吞咽障碍都会发展为吞咽困难。因为吞咽困难不属于正常衰老的一部分,所以在接下来的"问题迹象"中我们将予以详细讨论。

影响老年人吞咽能力的因素及问题迹象

口腔健康状况

口腔健康问题可能出现在任何年龄,但老年人似乎更容易出现这些问题。Christensen(2007)列举了老年人最常见的口腔问题,如牙齿缺损、口腔干燥、牙齿过度磨损、难以修复的龋齿数量增加、进行口腔清洁的能力受损、支撑可拆卸式义齿的牙槽骨缺失以及牙周病。Gil-Montoya、Subira、Ramon 及 Gonzalez-Moles(2008)发现了口腔健康相关生活质量和老年人营养不良风险之间的关系。这些因素,再加上老年性吞咽障碍的同时出现,使老年人营养不良的可能性更大。口腔干燥、牙齿问题和味觉是人们在研究老年人吞咽和进食状态时最常关注的一些因素。口腔干燥实际上具有深远的影响,这些影响在牙列状态和味觉改变上都有体现。

长期口干

唾液和人体内的黏液起着积极的生理保护作用。我们的呼吸道、胃肠道和泌尿生殖道表面都有一层黏膜。黏膜组织分泌黏液,黏液起着润滑作用,并像可以移动的毯子一样覆盖着黏膜组织。黏膜组织和覆盖在表面的黏液一起形成了一道保护层,隔开了外部的非无菌环境和身体的无菌环境(基本上无菌)。黏液是唾液的重要组成部分。口腔内有三对较大的唾液腺:腮腺、舌下腺和颌下腺,另外还有许多小的唾液腺(Nagler,2004)。唾液由水状浆液、较有黏性的黏液和分解淀粉的酶这三种成分组成。腮腺分泌的全是浆液,占唾液的 25%;舌下腺分泌的主要是黏液,占唾液的 5%;颌下腺分泌的是浆液和黏液的混合物,占唾液的 70%。唾液分泌在我们吃饭时处于刺激性状态,休息时则处于非刺激性状态。我们都知道,咀嚼行为会促进唾液分泌。在刺激性和非刺激性状态下分泌的唾液的成分有所不同。咀嚼/吞咽时,唾液的主要成分为浆液,非刺激状态时,主要成分为黏液。

唾液的功能是开始碳水化合物的消化过程;保持口腔湿润,以帮助咀嚼、吞咽和说话;同时还在免疫系统中发挥重要作用(Turner & Ship,2007)。当唾液在咀嚼过程中与食物混合在一起时,有助于形成可延展的食团,并将较干燥的食物包裹在内。湿润的食团便于口腔和咽部运输。

长期口干既可能是一种主观的感觉(口腔干燥症),也可能是一种客观现象(唾液过少症;Goldie,2007)。虽然人们在未患唾液过少症的情况下可能有口腔干燥症,但如果这两种症状同时发生,将会妨碍人们进食干燥食物和说话,导致使用义齿时不舒服,以及引发口腔炎症。口腔干燥症在接受头颈癌放射治疗的患者身上比较突出,同时,这也是干燥综合征的主要症状。口腔干燥症更多地发生在老年人身上,65 岁及以上的老年人中约有 30%患有口腔干燥症(Ship,Pillemer & Baum,2002)。许多人认为老年人的口腔干燥症主要是由药物的副作用导致的(Flink,Bergdahl,Tegelberg,Rosenblad & Lagerlof,2008)。众所周知,某些种类的药物会导致口干。抗胆碱药是其中的罪魁祸首。联合用药在老年人中很常见,随着处方药物数量和/或种类的增加,药物可能产生很明显的协同作用,使得药物与口干燥症的关系变得更加复杂。

牙列情况

老年人的牙列情况各不相同,从全口天然牙到全口义齿(包括上下颌义齿基托)皆有可能。介于这两种极端现象之间的是局部义齿或缺失牙齿但未使用义齿。留存的天然牙的状况有好坏之分,而佩戴的义齿有合适的,也有易滑落的。Yoshikawa 及其同事(2006)曾对无牙和有牙老年人的液体吞咽行为进行了比较,发现对比牙列完好者,牙列缺失者的喉渗入发生率更高。Fucile 等研究人员(1998)称,佩戴义齿的老年受试者往往会避免食用硬质或纤维质食物和外皮坚硬的食物,而牙列完好的老年受试者则不会。Shtereva(2006)也得出了类似的结论,认为那些缺失"很多"牙齿的人会因为咀嚼不便而使食物的选择面变窄。这种可选食物质地方面的变化会导致他们营养不足。如前所述,咀嚼的机械式行为可促进唾液分泌。如果我们不食用需要咀嚼的食物,那么唾液分泌就会变少,从而在食物质地下降和口腔干燥症之间形成恶性循环。

不管是有牙还是无牙，牙齿方面的问题都与口腔干燥有着直接关系。黏液是黏膜与坚硬的义齿之间的一道屏障，若没了有这道屏障，义齿将无法与黏膜贴合，从而产生松动，而不是牢牢地固定在口腔内。义齿的活动以及由此导致的与组织之间的摩擦会引起刺激和疼痛。如果义齿让人不舒服，人们就不太可能佩戴，那么可以食用的食物质地就会受到限制。对于牙列完好的人，口腔干燥会导致龋齿，因为唾液的免疫功能减弱，口腔微生物菌群的保护功能遭到破坏。如果龋齿得不到治疗，造成龋齿的细菌会增加罹患吸入性肺炎的风险（Langmore et al.，1998）。

味觉

尽管有大量组织学证据表明味蕾及其相关结构会发生增龄性变化，但味觉似乎基本上不存在增龄性变化。这可能与帮助实现味觉功能的神经之冗余有关（Bartoshuk，1989）。然而，一些老年人确实会抱怨食物的味道与以前不一样。导致这种现象的原因可能包括：上颌整个义齿基托覆盖了硬腭，咀嚼功能受损和酸味阈值改变（Yoshinaka，Ikebe，Shimanuki & Nokubi，2007）。一些药物的服用可导致口中产生金属味或味觉缺失（Coulter & Edwards，1988；Elsner，2002）。使老年人产生味觉变化的另一个原因是口腔干燥。唾液是味觉受体维持其健康和功能所必不可少的。此外，味觉物质都是经唾液这一介质溶解和扩散到不同味觉受体部位的（Mese & Matsuo，2007）。口腔长期有异味可能源于口腔卫生不良，这种现象在牙列完好的老年人身上尤为突出（Langan & Yearick，1976）。

认知状态

阿尔茨海默病是一种老年性疾病，其导致的认知障碍会对饮食和吞咽产生有害影响。在前文中，我们讨论了吞咽的一些阶段，并按照医学筛查模式有代表性地描述了常见的划分吞咽阶段的方法，即口腔期、咽期和食管期。在这些传统的阶段之外，还有一个阶段，那就是吞咽的预期阶段（Leopold & Kagel，1997）。尽管人们是在十多年前第一次提及吞咽的这一阶段，但有关吞咽课题的文献和教科书却很少对该阶段进行探讨。吞咽预期阶段先于吞咽口腔准备期之前，是对认知、情感、运动和感官刺激进行识别的过程。具体而言，这些刺激包括：食物的色香味、洗手和祈祷等餐前礼仪带来的感官刺激；将食物从手里送入嘴中的过程，以及接受各种器具（如瓷杯相对于玻璃杯、叉相对于勺）时的口腔姿势变化。Leopold 和 Kagel(1997)认为,吞咽预期阶段是完成生理吞咽所必不可少的前奏,没有这一阶段,"口腔准备期→口腔运输期→咽期→食管期"这个一环套一环的过程将无法顺利进行。认知障碍患者的吞咽预期阶段尤其薄弱。患有阿尔茨海默病相关认知障碍的患者可能会出现很多进食和吞咽问题。这些问题因阿尔茨海默病类型(Ikeda,Brown,Holland,Fukuhara & Hodges,2002;Shinagawa et al.,2009;Suh,Kim & Na,2009)以及病情发展情况而异。对此,本章不作详细分析。然而,记忆力受损可能会导致患者忘记吃饭(Morley & Silver,1988)。环境中的干扰因素会打扰患者,使之无法专心地吃饭。食物感觉失认(失认症)可能会导致口腔期延长。所有这些问题都会导致阿尔茨海默病患者营养不良、脱水和发生误吸。因此,建议对患者的用餐行为进行监督。

吞咽困难的临床状态

吞咽困难的症状多种多样,并会影响吞咽的所有口咽期。Logemann(1998)对吞咽困难可能造成的障碍进行了全面概述。口腔准备障碍可能包括:嘴唇闭合度、舌头形状/协调、舌头运动、嘴唇张力和脸颊张力不足,导致食物从嘴里溢出;食团控制不佳;难以形成食团;食物落入前沟和侧沟。口腔运输障碍可能包括:舌外吐和口腔期启动延迟。咽部障碍可能包括:咽期延迟或缺失;咽部收缩、舌根运动、腭咽闭合和喉部上抬不足。因此,患者在咽期开始前可能会误吸,发生鼻反流或有食物残留在咽部的情况。吞咽后残留的食物也会带来误吸风险。

所有吞咽困难的患者均面临误吸、营养不良或脱水的风险。但老年人可能比年轻人更容易受到这些风险的影响。如果吞咽困难者误吸,将有罹患吸入性肺炎的风险,特别是当存在胃酸倒流和龋齿等因素时,这种风险更大(Langmore et al.,1998)。吸入性肺炎是社区获得性肺炎患者治疗失败的相关因素之一(Genne et al.,2006;Marik & Kaplan,2003)。吞咽困难者通常很难饮用很稀的液体,而水由于无味无形,容易造成很大的问题。常复发性肾病综合征患者如果存在吞咽困难更容易脱水。脱水会导致许多后果,如便秘、跌倒、药物中毒、尿路感染和呼吸道感染(Mentes,2006),并可导致老年人发病和死亡(Ferry,2005)。尽管健康的老年人能像年轻人一样维持身体的水分,但身体虚弱和/或有多种共病的老年人却很难做到(Mentes,2006)。如果再加上吞咽困难,那么就更有可能脱水。

不良饮食导致的营养不良会降低对感染的抵抗力,加重病情,导致住院时间延长,并增加并发症和残疾的概率(Miller、Zylstra & Standridge,2000)。事实上,营养风险因素(如社区老年人体重减少 5% 或以上)是住院疗养的一个重要预测指标(Payette,Coulombe,Boutier & Gray-Donald,2000)。营养不良和营养不足是老年人中常见的但未得到充分研究的问题。很少有研究认为吞咽困难或口腔问题是社区老年人营养不良的潜在危险因素。因此,对于吞咽困难有多大可能性是该人群营养不良的因素,我们知之甚少。然而,如果将吞咽困难和/或口腔问题作为营养不良的潜在危险因素进行研究时,便可发现二者之间存在正相关关系(Sharkey,Branch,Zohoori,Guiliani,Busby-Whitehead & Haines,2002;Sullivan,Martin,Flaxman & Hagen,1993)。

吞咽困难患者的社交机会会变少。因为吞咽困难患者容易咳嗽或呛到,可能会不好意思与朋友一起用餐或在餐馆用餐,这会增加其孤独感和孤立感。50% 以上已知患有吞咽困难的人自觉吃得比以前少,44% 的人在过去 12 个月里体重有所减轻(Ekberg,Hamdy,Woisard,Wutge-Hannig & Ortega,2002)。尽管 84% 的人觉得吃应该是一大乐事,但只有 45% 的人发现这与事实相符。超过1/3(36%)的人表示会避免与他人一起吃饭,41% 的人表示在用餐时感到焦虑或恐慌。

有助于老年人吞咽能力的策略

为测定患者是否患有吞咽困难,可采用吞咽困难临床评估、改良式钡剂吞咽检查法(MBS)或内窥镜检查法等传统的吞咽功能检测法,也可以辅助采用脉搏血氧测定法、颈部听诊法和其他检测方法。另有文献对这些评估方法进行了详尽的描述(Langmore,2001;Logemann,1993;Murray,1999)。

重要的是要认识到,如果老年人因中风、颅脑创伤或头颈癌等病因造成吞咽困难,其症状可能比具有类似损伤的年轻患者更严重。

共病的存在和储备能力下降可能是造成这种状况的罪魁祸首。储备能力下降也使得老年人在通常不构成吞咽障碍的情况下较容易出现吞咽困难。笔者案例中的一位患者(X 先生)就是一个很好的例子。这位先生在 75 岁左右时被诊断出患有膀胱癌,彼时,他身体其他方面都非常健康,且精力旺盛。因为第一次手术引起了并发症,他又接受了第二次手术并在医院住了很长时间。X 先生虽然没有神经功能受损的迹象,但吞咽功能却存在一定损伤。改良式钡剂吞咽检查结果显示,其在进食任何质地的食物时均一直存在隐性误吸。此外,其咽部左侧较之右侧更为无力。两周后,第二次改良式钡剂吞咽检查结果显示,X 先生感觉有所改善,但其他吞咽功能障碍仍然存在。之后,他被转至门诊治疗。

一般来说,提高吞咽安全性的传统方法比较适合于老年人。其实,如果 X 先生在吞咽姿势上作出补偿(头转向左侧,下巴收拢),再采用声门上吞咽法,将有助于提高吞咽功能,并能够安全地小口进食。吞咽困难的力量训练根本疗法日益受到人们的关注(Burkhead,Sapienza & Rosenbek,2007),这一疗法尤其适用于老年人,因为有文献表明该人群会出现肌肉衰减。力量训练不仅可以通过强化肌肉来改善吞咽困难,从而提高吞咽功能,还有助于恢复储备功能,让处于老年性吞咽障碍临床前阶段的人受益。

一份研究概要表明,训练疗法可以改善身体强健的老年人的吞咽能力。有人曾进行过一项研究,让一个健康的老年人团体进行舌肌抗阻训练,结果显示其舌肌等长收缩力和吞咽力均得到增加(Robbins et al.,2005)。其中的一组受试者还在训练前后分别接受了核磁共振检查,研究人员注意到每名受试者的舌容积都有所增加。在一项关于 Shaker 训练法效果的研究中,大约一半的健康老年受试者表现出舌骨前移、上抬增多和食道上端打开幅度变大(Easterling,2008)。有一项针对健康老年人的训练计划是采用呼气肌力量训练器(EMST)进行训练。结果显示,通过训练,位于下颌骨和喉之间的舌骨的上抬和前移有所改善,并可促进喉部上抬和食管上括约肌打开(Kim & Sapienza,2005)。在完成了呼气肌力量训练器的训练治疗后,X 先生已经能够通过改变吞咽姿势安全地小口进食,并顺利地过渡到能依靠日常饮食维持身体水分和营养的状态。

关于何时应对相关人员采取吞咽诊断或干预治疗,我们不得而知。尽管言语治疗师通常依靠住院患者筛查方案和/或转诊制度收治患者,但社区老年人却可能会受到忽视。正如本章开头所强调的,没有明确的指标指出人们何时可能从老年性吞咽障碍转变为吞咽困难,也不知道吞咽能力何时从潜伏状态恶化为临床前状态。那么,如何提高对老年人老年性吞咽障碍和吞咽困难的甄别能力呢?

知道该如何问诊是甄别吞咽问题的关键。Edgar(2006)近期牵头组织了几次焦点小组座谈会,对老年人的吞咽问题进行了探讨。与会者年龄介于 71～91 岁之间,平均年龄 85 岁,无中风、进行性神经疾病或头颈癌病史。他们中也没有人被诊断为吞咽困难。与会者定期看医生,约诊次数从每年两次到每年四次不等。虽然与会者都明确表示自己没有"吞咽"问题,但随后他们又表示自己存在容易呛到、服药困难和吃饭时间较长等问题,同时他们还无法食用部分食物。此外,一名访谈对象叙述了自己进食非常缓慢和容易被水呛到的显著变化,并表达了对随着年龄增长吞咽功能可能会变得更糟的担忧。但是,当被问及是否向医生提过这些时,她却回答说:"我从来没觉得这是什么大事。"另一名与会者说自己最近在学心肺复苏术课程,并在社区餐厅实施过两次海姆立克急救法。54%的与会者称,医生在常规检查时从未或很少询问其有无吞咽问题。

在焦点小组座谈会开始时,所有与会者均否认自己有吞咽问题,直到他们被问及进食时是否会呛到,或者是否无法食用某些食物时,他们才意识到"吞咽困难"真正意味着什么。许多医务人员可能会试探性地问更多关于吞咽状态的问题,如"你吃饭或喝水时会咳嗽或呛到吗?"而不是只问"吞咽"的问题。也许医生、护士、职业治疗师和物理治疗师应就最适合老年人的问诊方式接受相关培训,以便更好地甄别存在吞咽问题而应接受诊断和干预治疗的患者。为了解决社区老年人的吞咽问题,似乎必须克服语义障碍,这意味着社区老年人吞咽困难的甄别实际上可能是一个语言问题。

要 点 速 览

● **神经功能完好的老年人的正常吞咽能力**
  ■ 正常吞咽功能逐渐退化
    ○ 在老年性吞咽障碍的潜伏阶段将出现以下变化(无法为标准检测方法所检测)
      □ 神经传导速度降低、神经递质水平降低、肌肉萎缩和纤维化
      □ 舌头中的脂肪含量以每 10 年约 2.7% 的速度增加,可能导致舌头肌少症(增龄性肌肉质量和力量衰退)
      □ 喉部增龄性变化包括:运动单位的发放率降低、喉部肌纤维萎缩及退化、喉软骨骨化、喉软骨关节面不规则性增加以及咽部和喉部感觉减弱,这些变化最终会导致吞咽机能变得缓慢
    ○ 在老年性吞咽障碍的临床前阶段将出现以下变化(可被 X 光和内窥镜检查检测到)

  □ 食管上括约肌打开的时间变少,口咽运动时间和食团运输时间变长

  □ 与年轻受试者相比,老年受试者舌肌等长收缩力显著降低,但是这两个年龄组的人在吞咽时都能产生同等舌压

  □ 储备减少,更容易出现吞咽障碍

  □ 老年人的咽期从食团进入供蓄积咀嚼过的食物的会厌谷开始,连续的液体吞咽从经过下颌支开始

  □ 需要多吞咽几次才能将口中的食物吞干净

  □ 在强制性反复吞咽测试中,与年轻受试者相比,老年受试者的吸吮压力峰值降低,食团量减少,进食间隔延长,吞咽能力降低,喉部出现多阶段运动并咳嗽

● **对老年人的进食和吞咽有负面影响的因素**

  ■ 口腔健康因素

    ○ 长期口腔干燥令老年人难以进食干燥的食物

    ○ 唾液分泌中断,从而妨碍义齿的正确佩戴,使有牙者出现龋齿,并引起口腔炎症

    ○ 牙列受损,可能导致摄入的食物质地受限,从而面临营养不良的风险

    ○ 因药物作用或唾液分泌过少导致味觉缺失和/或改变,促使食物摄入量减少,从而面临营养不良的风险

    ○ 服用药物、口腔干燥和口腔卫生不良,这些都会对味觉产生负面影响

  ■ 认知因素

    ○ 会干扰吞咽的预期阶段,并因此导致吞咽后续阶段(特别是口腔期和咽期)的涓流效应

● **出现以下迹象时应将老年人转诊给言语治疗师或其他专业医疗人员**

  ■ 公开抱怨进食、咀嚼和/或吞咽障碍

  ■ 抱怨口干和/或难以佩戴义齿或佩戴时感觉不适

  ■ 可以食用的食物类型有所变化或受到限制,如不能吃硬质食物、纤维质食物或外皮坚硬的食物

  ■ 吃饭、喝水和/或吃药时会咳嗽或呛到

  ■ 进食时间变长

  ■ 口腔准备障碍包括

    ○ 嘴唇闭合度不足

　　　　○ 舌头形状/协调、舌头运动、嘴唇张力和脸颊张力不足,导致食物从嘴
　　　　　里溢出
　　　　○ 食团控制不佳
　　　　○ 难以形成食团
　　　　○ 食物落入前沟
　　　　○ 食物落入侧沟
　　■ 口腔运输障碍包括
　　　　○ 舌外吐
　　　　○ 口腔期启动延迟
　　■ 咽期障碍包括
　　　　○ 咽期延迟或缺失
　　　　○ 咽部收缩、舌根运动、腭咽闭合和喉部上抬不足

● **有助于老年人吞咽能力的策略**
　　■ 实施有助于安全吞咽的常见方法
　　■ 鼓励不存在吞咽困难的老年人进行有助于恢复储备力量的强化训练
　　　　○ 舌头强化训练可以增加舌头质量已得到证明
　　　　○ Shaker 训练法有助于喉部上抬和食管上括约肌打开
　　　　○ 呼气肌力量训练器可促进喉部上抬和食管上括约肌打开,有助于咳出
　　　　　异物

思 考 题

　　1. 你在生活中注意到老年人的饮食模式出现了哪些变化(如有)? 这些变化是否有什么影响?

　　2. 有吞咽问题的老年人通常会将这些问题与衰老联系起来,并且不会向医生提及这些问题。在长期照护性养老院或长期疗养机构等环境中,言语治疗师可以做些什么来提高老年人对吞咽障碍和吞咽困难的认识?

　　3. 除了药物的副作用之外,还有什么因素会使老年人更容易患上口腔干燥症?

　　4. Robbins 等人在研究(2005)中让老年受试者用舌头和硬腭挤压一只充气球。如果没有这样的装置,可以让老年人做哪些类似的活动来进行舌肌抗阻训练?

参 考 文 献

Aviv, J. E. (1997). Effects of aging on sensitivity of the pharyngeal and supraglottic areas. *American Journal of Medicine, 103*, 74S–76S.

Aviv, J. E., Martin, J. H., Jones, M. E., Wee, T. A., Diamond, B., Keen, M. S. et al. (1994). Age-related changes in pharyngeal and supraglottic sensation. *Annals of Otology, Rhinology, and Laryngology, 103*, 749–752.

Bartoshuk, L. M. (1989). Taste: Robust across the age span? *Annals of the New York Academy of Sciences, 561*, 65–75.

Bloem, B. R., Lagaay, A. M., Van Beek, W., Haan, J., Roos, R. A. C., & Wintzen, A. R. (1990). Prevalence of subjective dysphagia in community residents aged over 87. *British Medical Journal, 300*, 721–722.

Burkhead, L. M., Sapienza, C. M., & Rosenbek, J. C. (2007). Strength-training exercise in dysphagia rehabilitation: Principles, procedures, and directions for future research. *Dysphagia, 22*, 251–265.

Casiano, R., Ruiz, P., & Goldstein, W. (1994). Histopathologic changes in the aging human cricoarytenoid joint. *Laryngoscope, 104*, 533–538.

Christensen, G. J. (2007). Providing oral care for the aging patient. *Journal of the American Dental Association, 138*, 239–242.

Coulter, D. M., & Edwards, R. (1988). Cough and angiotension converting enzyme inhibitors. *British Medical Journal, 296*, 863.

Daniels, S. K., Corey, D. M., Hadskey, L. D. et al. (2004). Mechanism of sequential swallowing during straw drinking in healthy young and older adults. *Journal of Speech, Language, and Hearing Research, 47*, 33–45.

Easterling, C. (2008). Does an exercise aimed at improving swallow function have an effect on vocal function in the healthy elderly? *Dysphagia, 23*, 317–326.

Edgar, J. (2006). *Aging swallow*. Proposal Development Award, Washington University Center for Aging.

Ekberg, O., Hamdy, S., Woisard, V., Wuttge-Hannig, A., & Ortega, P. (2002). Social and psychological burden of dysphagia: Its impact on diagnosis and treatment. *Dysphagia, 17*, 139–146.

Elsner, R. J. F. (2002). Changes in eating behavior during the aging process. *Eating Behaviors, 3*, 15–43.

Ferry, M. (2005). Strategies for ensuring good hydration in the elderly. *Nutrition Reviews, 63*, S22–S29.

Flink, H., Bergdahl, M., Tegelberg, A., Rosenblad, A., & Lagerlof, F. (2008). Prevalence of hyposalivation in relation to general health, body mass index and remaining teeth in different age groups of adults. *Community Dentistry and Oral Epidemiology, 36*, 523–531.

Fucile, S., Wright, P. M., Chan, I., Yee, S., Langlias, M., & Gisel, E. G. (1998). Functional oral-motor skills: Do they change with age? *Dysphagia, 13*, 195–201.

Genne, D., Sommer, R., Kaiser, L., Saaïdia, A., Pasche, A., Unger, P. F. et al. (2006). Analysis of factors that contribute to treatment failure in patients with community-acquired pneumonia. *European Journal of Clinical Microbiology and Infectious Disease, 25*, 159–166.

Gil-Montoya, J. A., Subira, C., Ramon, J. M., & Gonzalez-Moles, M. A. (2008). Oral health-related quality of life and nutritional status. *Journal of Public Health Dentistry, 68*, 88–93.

Goldberg, J., & Wittes, J. (1981). The evaluation of medical screening procedures. *American Statistician*, 35, 4–11.

Goldie, M. P. (2007). Xerostomia and quality of life. *International Journal of Dermatology*, 5, 60–61.

Groher, M., & Bukatman, R. (1986). The prevalence of swallowing disorders in two teaching hospitals. *Dysphagia*, 1, 3–6.

Hind, J. A., Nicosia, M. A., Roecker, E. B., Carnes, M. L., & Robbins, J. (2001). Comparison of effortful and noneffortful swallows in healthy middle-aged and older adults. *Archives of Physical Medicine and Rehabilitation*, 82, 1661–1665.

Ikeda, M., Brown, J., Holland, A. J., Fukuhara, R., & Hodges, J. R. (2002). Changes in appetite, food preference, and eating habits in frontotemporal dementia and Alzheimer's disease. *Journal of Neurology, Neurosurgery, and Psychiatry*, 73, 371–376.

Kahn, A., & Kahane, J. (1986). India ink pinprick assessment of age-related changes in the cricoarytenoid joint (CAJ) articular surfaces. *Journal of Speech, Language, and Hearing Research*, 29, 536–543.

Kendall, K., & Leonard, R. (2001). Hyoid movement during swallowing in older patients with dysphagia. *Archives of Otolaryngology—Head and Neck Surgery*, 127, 1224–1229.

Kim, J., & Sapienza, C. M. (2005). Implications of expiratory muscle strength training for rehabilitation of the elderly: Tutorial. *Journal of Rehabilitation Research and Development*, 42, 211–224.

Kuhlemeier, K. (1994). Epidemiology and dysphagia. *Dysphagia*, 9, 209–217.

Langan, M. J., & Yearick, E. S. (1976). The effects of improved oral hygiene on taste perception and nutrition of the elderly. *Journal of Gerontology*, 31, 413–418.

Langmore, S. (2001). *Endoscopic evaluation and treatment of swallowing disorders*. New York: Thieme.

Langmore, S., Terpenning, M., Schork, A., Chen, Y., Murray, J. T., Lopatin, D. et al. (1998). Predictors of aspiration pneumonia: How important is dysphagia? *Dysphagia*, 13, 69–81.

Leonard, R., Kendall, K., & McKenzie, S. (2004). Structural displacements affecting pharyngeal constriction in nondysphagic elderly and nonelderly adults. *Dysphagia*, 19, 133–141.

Leopold, N. A., & Kagel, M. C. (1997). Dysphagia—ingestion or deglutition? A proposed paradigm. *Dysphagia*, 12, 202–207.

Logemann, J. A. (1993). *Manual for the videofluorographic study of swallowing*. Austin, TX: Pro-Ed.

Logemann, J. A. (1998). *Evaluation and treatment of swallowing disorders*. Austin, TX: Pro-Ed.

Logemann, J. A., Pauloski, B. R., Rademaker, A. W., Colangelo, L. A., Kahrilas, P. J., & Smith, C. H. (2000). Temporal and biomechanical characteristics of oropharyngeal swallow in younger and older men. *Journal of Speech, Language, and Hearing Research*, 43, 1264–1274.

Logemann, J. A., Pauloski, B. R., Rademaker, A. W., & Kahrilas, P. J. (2002). Oropharyngeal swallow in younger and older women: Videofluoroscopic analysis. *Journal of Speech, Language, and Hearing Research*, 45, 434–445.

Luschei, E. S., Ramig, L. O., Baker, K. L., & Smith, M. E. (1999). Discharge characteristics of laryngeal single motor units during phonation in young and older adults and in persons with Parkinson disease. *Journal of Neurophysiology*, 81, 2131–2139.

Malmgren, L. T., Fisher, P., Jones, C., Bookman, L., & Uno, T. (2000). Numerical densities of myonuclei and satellite cells in muscle fiber types in the aging human thyroarytenoid muscle: An immunohistochemical and stereological study using confocal laser scanning microscopy. *Otolaryngology—Head and Neck Surgery*, 123, 377–384.

Marik, P. E., & Kaplan, D. (2003). Aspiration pneumonia and dysphagia in the elderly. *Chest*, 124, 328–336.

Mentes, J. (2006). Oral hydration in older adults: Greater awareness is needed in preventing, recognizing, and treating dehydration. *American Journal of Nursing*, 106, 40–49.

Mese, H., & Matsuo, R. (2007). Salivary secretion, taste and hyposalivation. *Journal of Oral Rehabilitation*, 34, 711–723.

Miller, K. E., Zylstra, R. G., & Standridge, J. B. (2000). The geriatric patient: A systematic approach to maintaining health. *American Family Physician*, 61, 1089–1104.

Monemi, M., Liu, J., Thornell, L., & Eriksson, P. (2000). Myosin heavy chain composition of the human lateral pterygoid and digastric muscles in young adults and elderly. *Journal of Muscle Research and Cell Motility*, 21, 303–312.

Morley, J. E., & Silver, A. J. (1988). Anorexia in the elderly, *Neurobiology of Aging*, 9, 9–16.

Mortimore, I. L., Fiddes, P., Stephens, S., & Douglas, N. J. (1999). Tongue protrusion force and fatigueability in male and female subjects. *European Respiratory Journal*, 14, 191–195.

Murray, J. (1999). *Manual of dysphagia assessment in adults*. San Diego, CA: Singular Publishing.

Nagler, R. M. (2004). Salivary glands and the aging process: Mechanistic aspects, health-status and medicinal-efficacy monitoring. *Biogerontology*, 5, 223–233.

Nicosia, M. A., Hind, J. A., Roecker, E. B., Carnes, M., Doyle, J., Dengel, G. A. et al. (2000). Age effects on the temporal evolution of isometric and swallowing pressure. *Journal of Gerontology: Medical Sciences*, 55A, M634–M640.

Nilsson, H., Ekberg, O., Olsson, R., & Hindfelt, B. (1996). Quantitative aspects of swallowing in an elderly nondysphagic population. *Dysphagia*, 11, 180–184.

Payette, H., Coulombe, C., Boutier, V., & Gray-Donald, K. (2000). Nutrition risk factors for institutionalization in a free-living functionally dependent elderly population. *Journal of Clinical Epidemiology*, 53, 579–587.

Rademaker, A. W., Pauloski, B. R., Colangelo, L. A., & Logemann, J. A. (1998). Age and volume effects on liquid swallowing function in normal women. *Journal of Speech, Language, and Hearing Research*, 41, 275–284.

Robbins, J., Gangnon, R. E., Theis, S. M., Kays, S. A., Hewitt A. L., & Hind, J. A. (2005). The effects of lingual exercise on swallowing in older adults. *Journal of the American Geriatrics Society*, 53, 1483–1489.

Robbins, J., Hamilton, J. W., Lof, G. L., & Kempster, G. B. (1992). Oropharyngeal swallowing in normal adults of different ages. *Gastroenterology*, 103, 823–829.

Robbins, J., Levine, R., Wood, J., Roecker, E. B., & Luschei, E. (1995). Age effects on lingual pressure generation as a risk factor for dysphagia. *Journals of Gerontology Series A: Biological Sciences and Medical Sciences*, 50, M257–262.

Rother, P., Wohlgemuth, B., Wolff, W., & Rebentrost, I. (2002). Morphometrically observable aging changes in the human tongue. *Annals of Anatomy*, 184, 159–164.

Sharkey, J., Branch, L., Zohoori, N., Guiliani, C., Busby-Whitehead, J., & Haines, P. (2002). Inadequate nutrient intakes among homebound elderly and their correlation with individual characteristics and health-related factors. *American Journal of Clinical Nutrition*, 76, 1435–1445.

Shaw, D. W., Cook, I. J., Gabb, M., Holloway, R. H., Simula, M. E., Panagopoulos, V. et al. (1995). Influence of normal aging on oral-pharyngeal and upper esophageal sphincter function during swallowing. *American Journal of Physiology Gastrointestinal and Liver Physiology*, 268, G389–396.

Shinagawa, S., Adachi, H., Toyota, Y., Mori, T., Matsumoto, I., Fukuhara, R. et al.

(2009). Characteristics of eating and swallowing problems in patients who have dementia with Lewy bodies. *International Psychogeriatrics, 21,* 520–525.

Ship, J. A., Pillemer, S. R., & Baum, B. J. (2002). Xerostomia and the geriatric patient. *Journal of the American Geriatrics Society, 50,* 535–543.

Shtereva, N. (2006). Aging and oral health related to quality of life in geriatric patients. *Rejuvenation Research, 9,* 355–357.

Suh, M. K, Kim, H., & Na, D. L. (2009). Dysphagia in patients with dementia: Alzheimer versus vascular. *Alzheimer Disease and Associated Disorders, 23,* 178–184.

Sullivan, D., Martin, W., Flaxman, N., & Hagen, J. (1993). Oral health problems and involuntary weight loss in a population of frail elderly. *Journal of the American Geriatric Society, 41,* 725–731.

Takeda, N., Thomas, G. R., & Ludlow, C. L. (2000). Aging effects on motor units in the human thyroarytenoid muscle. *Laryngoscope, 110,* 1018–1025.

Tracy, J. F., Logemann, J. A., Kahrilas, P. J., Jacob, P., Kobara, M., & Krugler, C. (1989). Preliminary observations on the effects of age on oropharyngeal deglutition. *Dysphagia, 4,* 90–94.

Turner, M. D., & Ship, J. A. (2007). Dry mouth and its effects on the oral health of elderly people. *Journal of the American Dental Association, 138,* 15S–20S.

Weismer, G., & Liss, J. (1991). Speech motor control and aging. In D. Ripich (Ed.), *Handbook of geriatric communication disorders* (pp. 205–226). Austin, TX: Pro-Ed.

Yoshikawa, M., Yoshida, M., Nagasaki, T., Tanimoto, K., Tsuga, K., & Akagawa, Y. (2006). Influence of aging and denture use on liquid swallowing in healthy dentulous and edentulous older people. *Journal of the American Geriatrics Society, 54,* 444–449.

Yoshinaka, M., Yoshinaka, M. F., Ikebe, K., Shimanuki, Y., & Nokubi, T. (2007). Factors associated with taste dissatisfaction in the elderly. *Journal of Oral Rehabilitation, 34,* 497–502.

第九章
世卫组织"国际功能、残疾和健康分类"（ICF）：社区老年人口的适用

Travis T. Threats 博士，认证言语治疗师

　　世卫组织（WHO，1945）对健康的界定如下："健康是指身体、精神和社会适应三方面都处于完满状态，而不只是没有生病和不虚弱。"根据"健康"的这一广泛定义，不健康并不是非得与"生病"相关。该定义摒弃了人为的非此即彼的二分法，使人们认识到"健康是一个连续统一体"。举个例子，患有发作性疾病的人发病时需要直接就医，从这个意义上来说，他/她没发病时就没有生病。然而，根据世卫组织的说法，此人可能在精神和社会适应方面有所欠缺，因此不是处于最佳健康状态。而另一个患有完全相同的神经系统发作性疾病的人，尽管有一定程度的障碍，可能仍能完全参与其所处环境，因此可以说，其精神和社会功能状态十分完满。我们的医疗制度可能会为不健康的人提供各种有益的医疗服务，却不会为被视为"健康"的人提供任何医疗服务。

　　世卫组织对"健康"的定义在老年人问题的探讨中十分重要。怎样的老年人被视为是健康的？社会上是根据什么认为一个老年人是健康的，而另一个老年人是不健康的？90岁的人真的有可能被认为身体健康吗？被有些人认为不健康的人会自认为身体健康吗？

　　尽管世卫组织扩展了健康的定义，但其衡量健康的方法一直是传统的诊断方法。世卫组织使用最广的分类系统是"国际疾病分类"第10版（简称"ICD-10"；WHO，2007），该系统首次制定于1893年，初始版本为"Bertillon疾病死亡原因国际分类"（Peterson & Rosenthal，2005）。ICD最初被认为是致死性疾病

的清单；后来，其覆盖面扩展到了非直接致死性疾病，如慢性疾病和损伤。不过，ICD 的宗旨仍然是收录如不加以治疗可能导致死亡的疾病。ICD 一直是疾病诊断的编码系统。医疗诊断通常是综合考虑各个症状所作出的，主要目的是使医生能够开出特定医疗处方，如处方药或手术。然而，医疗诊断不一定能预测人体机能表现或患者对自己病况的看法。例如，两个人可能同样患有中度关节炎：一名患者大部分时间都被局限在床上和家周围；另一名患者有工作，并与许多社会机构打交道。两个人同样患有中风：一名患者可能有一个大家庭，并有近亲可以在需要的时候求助；另一名因中风造成同样程度脑损伤的患者却独自生活，没有亲人朋友帮忙。对于上述两组患者，单凭 ICD 编码诊断并不能制定有效的干预方案，甚至不能预测出现深静脉血栓或抑郁症等继发性疾病的可能性。

ICD 和"国际功能、残疾和健康分类"（ICF）之间存在重叠，因为这两者皆对各个人体系统中的损伤进行了分类。ICD 的主要目的是对疾病作出诊断，而ICF 提供的则是与各种疾病相关的人体机能的信息。ICF 完全是描述性的，代码中并不蕴含某种治疗信息，因此 ICF 必须作为一个整体使用。同样的疾病或损伤放在两个人身上，感受可能非常不同；而病情大不相同的患者也可能会有类似的生理机能。鉴于此，世卫组织的宗旨是：让 ICD 和 ICF 一起为人们或不同人群绘制一份相辅相成和充满意义的健康蓝图。

功能分类系统的需求

全世界越来越多的人认识到，在建立以治疗急性疾病为主的卫生系统时，人们并没有考虑到建成健康和有生产力的社会所需解决的诸多问题（Brundtland，2002）。随着医学的进步，人类越来越长寿，因而慢性病患者的数量有所增加。这些患者如果处于其他时代，可能早已不在人世，但现在他们活了下来。医疗系统拯救了这么多人的生命，应该再关注一下他们的生活质量。

美国卫生与公众服务部的医学学术咨询委员会——全国人口与健康统计委员会，对功能性健康作了如下定义：

> 因侧重点和所处政策环境不同，临床医生对健康领域功能状态的定义也各不相同。全国人口与健康统计委员会以广阔的视角定义功能状态，认为功能状态既包括个人日常生活活动的开展，也包括个人在生

活情境和社会中的参与。这两大方面包括：① 基本的身体和认知活动，如走路或伸手(去触摸或拿取)、集中注意力和交流，以及吃饭、洗澡、穿衣、转移(地方)和梳洗等日常生活活动。② 生活情境，如：对儿童来说，上学或玩耍；对成人来说，出去上班或持家；等等。当人们进行这种活动的能力或表现由于健康状况或身体损伤而受到影响，并且没有得到环境因素(包括身体、社会和态度因素)的补偿时，就会出现功能障碍。功能状态受身体、发育、行为、情感、社会和环境条件的影响。"功能状态"这一概念涵盖个人参与物质环境和社会环境的方方面面。该概念适用于整个人生阶段，尽管不同年龄组对功能状态有不同解读(NCVHS,2001,第 2 页)。

上述报告接着还对病历中的功能性健康状况信息做了如下陈述：

　　前面已经指出，行政资料中一般没有功能状况信息。这一问题的严峻性在于，卫生系统(如保险公司和医疗保险)以及依赖行政资料的研究人员、公共卫生工作者和政策制定者都无法获得该层面的健康信息，而这些信息正日益成为了解健康的必要条件。因此，需要一套标准的编码系统，在最大程度降低医疗机构负担的情况下，使之能够将功能状态信息纳入行政资料之中(NCVHS,2001,第 6 页)。

ICF 的 演 变

　　为了记录不同水平的健康和功能，世卫组织于 1980 年颁布了"国际残损、残疾、残障分类"(简称"ICIDH")，该版本仅作征求意见稿之用。世卫组织这么做的目的是：为健康重要组成部分——人体功能和身心障碍的描述制订统一的标准用语；与"国际疾病分类"第 10 版(WHO,2007)一样，为病情的报告和查看制订标准。ICIDH 引起了各方的热议，人们就身心障碍各方面及这些方面与健康的关系提出了大量意见。尽管 ICIDH 1980 年版作为一个总体框架很实用，但其缺少可用于卫生体系的综合分类系统。由于概念上的局限性，ICIDH 在国际上遭到(特别是遭到残障人士维权组织)诟病(Hurst,2003)。ICIDH 的严重不足在于，其假定身心障碍主要是由疾病造成的，假定疾病和身心障碍之间存在着直接和单向的关系。由此可见,ICIDH 1980 年版倾向于以传统医学观念看待身心障碍问题。另一个反对说法是关于 ICIDH 使用的"残障"一词,该词被视为反映的是个人的固有特征,而未反映出具有身心障碍的人士在社会中被边缘化的社会问题。随着人们在功能和身心障碍方面知识、经验和研究的累积,对 ICIDH 进行重大修订明显变得很有必要。

1993 年,世卫组织开始着手这一修订,最终成果——"国际功能、残疾和健康分类"(简称"ICF",WHO,2001)于 2001 年出炉。该分类系统含有所有类别和各个条目的操作性定义、完整的编码系统、中性术语、环境因素,以及更多社会取向的身心障碍模式的意见。由于 1980 年版在全球范围的频繁应用,因此人们会对一些术语和 ICF 内容感到困惑,这也是可以理解的,许多人错误地认为这两个版本都采用了相同的框架。

在世卫组织看来,ICD 和 ICF 是适宜一起使用的一组分类系统,两者的结合可以充分阐述个人和各个人群的健康状况。举个例子,看到 ICD 的某一个诊断代码,我们可能会问,患有这种疾病会表现出哪些相关功能下降,这时就需要结合 ICF 进行了解。世卫组织国际分类体系合作中心德国 ICF 分部在 ICD 编码的基础上,率先编写了类风湿性关节炎(Stucki et al.,2004)和抑郁症(Cieza et al.,2004)等很多疾病的核心编码系统。此外,核心编码系统还一并阐述了疾病和医疗环境,例如急性心肺疾病的住院治疗环境(Boldt & Grill et al.,2005),以及度过急症期的神经系统疾病患者的康复环境等(Boldt & Brach et al.,2005)。此外,ICF 编码还可用于描述不可确凿地归因于某一疾病的功能衰退。比如,可以用于描述以下情况:老年人在完成复杂的记忆测试时表现出一定困难,但是尚未达到可以被认为是痴呆的程度,并且神经成像检查未显示存在大脑病变。

ICF 已被广泛应用于沟通障碍领域,以及医学、物理治疗、职业治疗、娱乐治疗和护理领域。2001 年,美国语言听力协会在其"执业范围"文件中首次将 ICF 用作语言听力领域的框架。ICF 还被用作"2007 年言语病理学执业范围"(ASHA,2007)和"2004 年听力学执业范围"(ASHA,2004)的框架。在国际上,ICF 一直是沟通障碍领域的研究和教育课题,并被付诸临床实践(Threats,2006)。

ICF 是为以下目的而制订的:① 收集关于功能和身心障碍的统计数据,包括人口研究中使用的数据;② 临床研究,如衡量检查结果、生活质量或环境因素对身心障碍的影响;③ 临床应用,如需求评估、对症治疗、方案结果评估和康复档案;④ 社会政策的使用,包括社会保障规划、政府对身心障碍方案的监督和政策决策；⑤ 教育用途，设计相关课程以提高对功能性健康和身心障碍问题的认识。一些研究人员对以上五种目的与沟通障碍领域的关系进行了探讨(Brown & Hasselkus，2008；Mulhorn & Threats，2008；Skarakis-Doyle & Doyle，2008；Threats，2008；Worrall & Hickson，2008)。世卫组织建立这样一个具有诸多用途的系统，不仅意在对健康功能与身心障碍进行分类，而且是为了系统而全面地调整医疗系统的方向，使之像目前对待疾病一样慎重地对待功能状况问题。

ICF 介 绍

ICF 采用"生物—心理—社会"模式，以便临床医生和研究人员从生物学、个人和社会的角度记录很多不同的人体机能。该分类系统由两部分组成："功能和身心障碍"部分及"背景因素"部分。"功能和身心障碍"包含"人体机能""人体结构"和"活动/参与"三个部分；"背景因素"包含"环境因素"和"个人因素"两部分。ICF 的所有条目均有操作定义和示例。每个编码有一个或多个限定值，以表明功能的障碍或限制的程度或性质。所有"人体结构""人体机能"和"活动/参与"代码的一级限定值都是通用限定值，用于表示五种不同的严重程度：代码"0"为无困难；代码"1"为轻度困难；代码"2"为中度困难；代码"3"为严重困难；代码"4"为完全困难。故而，时间管理(b1642)中度障碍的编码为 b1642.2。

分类系统中"人体结构"的定义是"身体的解剖部位，如器官、肢体及其组成部分"(WHO，2001，第 8 页)。各个编码均使用两个限定值。一级限定值表示总体严重程度，二级限定值表示特定人体结构变化的性质，例如双侧或单侧损伤。例如，100.1 表示轻度声带功能障碍；100.12 表示单侧声带轻度功能障碍，而100.11 则表示双侧声带轻度功能障碍。

"人体机能"的定义是"人体器官的生理和心理功能"(WHO，2001，第 8 页)。"人体机能"部分共有如下八章：① 心智功能；② 感官功能与疼痛；③ 发声和言语功能；④ 心血管、血液、免疫和呼吸系统功能；⑤ 消化、代谢和内分泌系统功能；⑥ 泌尿生殖与生殖功能；⑦ 神经肌肉骨骼功能和运作相关功能；⑧ 皮肤和相关结构的功能。该部分包括一系列与认知、沟通(语言、发声、言语、流利性)和吞咽有关的功能。这些功能编码只有一级通用限定值。如前文所述，时间管理中度障碍的编码为 b1642.2。

ICF 的"活动/参与"部分描述了人们的人体机能状态。该部分共有九章，旨在使用户能够全面评估人类的各种行为,包括:① 学习和运用知识;② 一般任务和要求;③ 沟通;④ 活动能力;⑤ 自理;⑥ 家庭生活;⑦ 人际交往和关系;⑧ 生活的主要方面;⑨ 社区、社会和市民生活。该部分的编码有三个主要限定值,仍然采用0—4分的严重程度评分制。一级限定值为"表现"限定值,用于描述个人在当前环境中某一生活技能的功能性表现。二级限定值为"无协助下的能力"限定值,用于描述个人在有组织的标准化环境(如诊所或研究实验室)中进行某项测试时的功能性表现。这种环境经过设计,不会给受试者完成测试造成任何明显的障碍或促进。三级限定值为"有协助下的能力"限定值,用于对在高度便利的环境中使用辅助设备和人为援助的个人能力进行编码。也就是说,如果给予足够的提示或其他协助,受试者能否顺利地完成相应行为? 该限定值可以作为受试者能从干预中受益的预后指标。

背景因素包括"环境因素"和"个人因素"两个方面。"环境因素"的定义是"人们居住和生活的物质、社会和态度环境"(WHO,2001,第16—17页)。这些因素包括非个人可以控制的因素,且可能会对人体机能产生积极影响(促进)或消极影响(障碍)。与其他部分不同,环境因素的编码可以反映该因素带来的积极或消极影响。例如,"+2"表示在个人所处环境中存在中度促进,".2"表示个人所处环境中存在中度障碍。"环境因素"部分共有五章:① 产品和技术;② 自然环境和人为的环境变化;③ 支持和关系;④ 态度;⑤ 服务、系统和政策。

ICF 未对个人因素进行编码,但亦将其纳入框架之中,因为这些因素在失能过程中发挥着重要作用。这一点是人们所公认的。个人因素是个人背景的一部分,并不属于直接影响人体机能水平的健康状况。这些因素包括年龄、种族、性别、教育背景、处事方式、过往经历、教养、个性、社会背景、其他健康状况和生活方式等。

ICF 在美国的教育和卫生环境中并未得到广泛应用(Iezzoni,2009)。但是,ICF 得到了美国医学研究所(Insitute of Medicine,2007)等许多著名学术机构、政府召集的学术委员会("Consolidated Health Initiative",2005;NCVHS,2001),以及康复护理、职业疗法、物理疗法和娱乐疗法等大多数康复领域的认可或推崇(Peterson & Rosenthal,2005)。此外,慢性健康问题和身心障碍作为美国医疗改革的一个重要组成部分,日益受到人们的关注,可能会促使美国采纳 ICF。Palmetto 公司是一家大型的医疗保险中介机构,也是蓝十字/蓝盾的子公司,该公司目前正在其旗下医疗中心积极推广 ICF 框架的使用,并将 ICF 框架纳入其康复定义(Feliciano,2007)。世卫组织称,ICF 在澳大利亚、荷兰、巴西、智利、日本、加拿大、意大利、印度和墨西哥等国的应用正不断普及，被用于康复、家庭护理和身心障碍评估等领域（WHO，2009）。

ICF 作为一个分类系统，旨在为评估提供一个框架。虽然 ICF 并非一项评估工具，但该框架确实能指导临床医生在评估中兼顾 ICF 的所有部分——"人体结构""人体机能""活动/参与""环境因素"和"个人因素"。理想情况下，评估报告应直接条分缕析地阐述每个部分的问题，并讨论它们之间的相互影响。评估报告可以直接使用该框架，也可以使用 ICF 编码。Hancock（2003）发现，按框架进行评估和后续干预有助于康复小组以患者及其家庭需求为重。Hancock 还发现，在实施 ICF 框架后，客户、患者及其家人对治疗过程的满意度和理解程度有所提高。

ICF 还可以帮助组织患者病历信息。目前，核心病历中仅列出了既往病史或当前所患疾病或障碍。如果使用 ICF，可提升个人因素和环境因素的重要性，使之成为病史的关键部分。眼下，这类信息可以在社工笔记或病历卡其他部分中找到。这些信息可能对患者的整体健康和功能的成功管理至关重要。

由于 ICF 是对结果的广泛性和总结性度量，因此不太适用于日常治疗目标汇报，如 SOAP 病历。ICF 的一些沟通功能代码相当宽泛，如 d335——"发出非语言信息"，不适合用于治疗目标的填写，如"患者 ICF 代码 d335 功能将有所改善，达到 80% 的准确性"这样的叙述就不太合适。但是，每个月或干预开始以及按计划中止时，可以用 ICF 来衡量治疗进度。虽然在日常会话中可能不会提到特定的代码，但日常病历中可能会使用 ICF 的一些用语，如"患者向临床医生称，与朋友的电话交谈更流畅了，表明其生活参与度有所提高""患者妻子表示，她已学会在交谈中更好地引导丈夫"。

ICF 能改进电子病历中的医疗数据，这一点得到了"综合健康倡议"（Consolidated Health Initiative，2005）的强有力支持。为打造理想的美国通用和互认电子病历系统，该倡议实施小组正致力于向美国联邦政府提出建议，明确该采用哪些基本的用语和分类系统。Mulhorn 及 Threats（2008）称，医疗机构和政府流行病记录中的沟通障碍报告得到改进后，人们对沟通障碍这一重要的功能性健康问题将有更深的认识。

ICF 对沟通和吞咽障碍患者的适用

关于 ICF 对较可能发生的老年性沟通障碍的适用，很多文献都有论及。虽然本章和本书旨在探讨健康老年人的沟通和吞咽障碍,但是对这些文献作一些评述也不无裨益。最近有不少文章谈论了 ICF 在以下沟通障碍患者身上的应用:失语症(Simmons-Mackie & Kagan,2007)、构音障碍(Dykstra,Hakel & Adams,2007)、痴呆(Hopper,2007)、吞咽困难(Threats,2007)、创伤性脑损伤(Larkins,2007)、听力障碍(Hickson & Scarinci,2007)、嗓音异常(Ma,Yiu & Verdolini Abbott,2007)和全喉切除术后的沟通困难(Eadie,2007)。一些研究人员也就沟通障碍方面的应用,对 ICF 的不同部分——"人体机能""活动和参与"以及"语境因素"——进行了评述(Howe,2008;McCormack & Worrall,2008;O'Halloran & Larkins,2008)。

大多数老年人的神经性沟通障碍均为社区获得性沟通障碍。以传统的医学思维来看,这些人没有生病。举个例子,根据规定,如果患有失语症的人没有每 6 个月去医生那里检查一次,则医生要上门看诊,以确定他们是否有新的发作症状,或者监测有无导致再一次发作的风险因素。但其实,除非出现急性发作,否则不会有任何医生上门看诊。然而,根据 ICF 对"健康"的定义,这些有沟通障碍的人并不是完全健康的。

对于那些被诊断为由疾病引起沟通障碍的患者,其可能表现出的其他功能"正常"下降也是需要考虑的重要因素。例如,接受喉癌手术治疗的患者可能会罹患继发性吞咽困难。医生除了认为其可能出现嗓音问题之外,不会考虑到其会出现沟通障碍,或者哪怕有出现沟通障碍的风险。但是,医生在治疗患者的术后并发症和吞咽困难的过程中,可能会注意到患者没有达到 100% 的依从性。这可能是因为患者囿于视力原因无法阅读书面医嘱,或者医生在叮嘱患者时房间内噪声很大。在这种情况下,为了对已确诊具有沟通障碍的患者顺利进行评估和干预,了解增龄性功能障碍就显得至关重要。在 ICF 框架中,这些功能障碍不一定与某一疾病相关联。ICF 仅对健康功能状态进行描述,而不是像 ICD 编码那样提供诊断信息。

当沟通障碍合并正常的增龄性变化时,可能会更让人感觉到患者沟通障碍的严重性。例如,患有中度阿尔茨海默病并伴随听力衰退的疗养院住院者可能会表现出与其他住院者的社交减少。疗养院工作人员可能会将其在人群中的孤立状态理解为认知能力退化的迹象,尽管这种社交行为的变化可部分归因于听力衰退。在这个例子中,可以同时看到 ICD 编码所描述的传统医学问题(阿尔茨海默病)和世界卫生组织 ICF 的健康状况下降之扩充内容——某些方面功能的减退（听力衰退/言语辨别能力下降）。

当一加一大于二时

另一个关于医学健康、功能性健康和衰老的复杂问题是，到什么程度可以称一个人"身体不健康"？很显然，如果一个人患有慢性心肺功能障碍，行走 25 码（约 22.86 米）以上就气喘吁吁的，他一定身体不健康。同样很显然的是，如果一位 70 岁的老人能跑完马拉松，同时也是一家成功企业的总裁，并有着感情深厚和充满爱心的家庭，他一定身体非常健康。

现在我们来研究一下这样一个情况：有一个人，他患有轻度关节炎、中度视力障碍、中度听力障碍、轻度膀胱控制障碍、轻度失忆和注意力不集中的问题；尽管他并不穷困，但目前还是有些入不敷出；他的妻子最近失去了一生中最好的朋友，正为此感到沮丧；另外，他开始后悔过去在生活中做过的一些决定，并为此深感担忧。以传统的健康观来看，这个人遇到的问题不比许多老年人多，因此可以认为其健康状况相对较好。但是，如果从 ICF 的功能性健康角度来看，情况可能就不一样了。各种健康状况和生活境遇加在一起，可能会严重影响这位老年人的功能性健康。如果此人是某个重要团体的负责人，而这种联系对他的身份和生计至关重要，那么所有这些情况可能会妨碍他履行职责，甚至妨碍他积极参与该团体。如果此人是个体经营者，这些情况也可能会影响他有效工作的能力，并威胁到他的经济状况。

因此可以说，所有障碍和限制（包括个人因素和环境因素）一起决定了一个人的高度。所有这些都可能影响一个人的功能性健康——世卫组织所定义的那种"健康"。这些现象分开来看并不严重，但累积在一起会比我们随口预测的结果更严重。当一个人的整体认知和情感状态遭到破坏时，其沟通能力很可能会受到影响。这些影响可能包括对其沟通对象、其与他人沟通方式以及他人与其沟通方式的影响。通过更全面地看待个人的整体功能，而不仅仅只关注部分功能，可以更好地理解老年人的整体健康和沟通能力方面的健康状态。

ICF 与常见老年性问题

之前，人们常常不得不将某种障碍"疾病化"，而 ICF 的出现为人们提供了另一种选择，这也是 ICF 的一项宗旨。在传统的医学思维模式中，在某种障碍达到被认为属于一种疾病的临界点之前,通常不会得到任何干预或医疗服务。一名 90 岁的老人很可能多次经历过亲朋好友等至亲的离世之痛,他/她为此感到伤心是人之常情,但除非被临床诊断为患上了抑郁症,否则他/她可能得不到当前医疗系统的关照。即使这名老人去看医生,如果没有典型的抑郁症状(如有自杀的想法或有无价值感),医生也可能会称其"没有生病"。他/她将无法企及可被视为患病的临界点。然而,根据 ICF 来看,在一些方面,如 ICF 编码中的人际交往、社会支持感或社区活动参与方面,可评定此人存在功能性健康障碍。人们可能会存在各种各样的生活功障碍或限制,这些情况可能需要得到医疗照顾,但或许并不需要服用抗抑郁药等医疗干预。

虽然 ICF 中的各种功能性健康状况未表现出疾病症状,但这些状况很可能预示着某种正在发展的疾病,或会产生不利医学影响的生活境况。在上面的例子中,老人为生命中至亲的离去感到难过,但是没有表现出临床抑郁症的必有症状。目前医疗体系的做法往往是,等到患者出现临床抑郁症时再提供干预,至少在美国是这样。在达到这种传统意义上的医学状态之前提供干预不是更有益吗? 功能性健康障碍通常都是传统意义上的疾病的先兆(Scott, Macera, Corman & Sharpe, 1997)。社区参与的减少不仅会导致抑郁,还会降低对药物的警觉性。不吃药会导致病情恶化,进而进一步限制生活功能和活动。正如本章前面引用的全国人口与健康统计委员会的报告所述,人们越来越想当然地将该等生活功能障碍视为健康问题。公共卫生相关利益方都将这些问题的解决视为人们收获健康的必要前提,这并不令人意外。

老年期背景因素

ICF 中的"背景因素"包括"环境因素"和"个人因素",这些因素是任何有关正常衰老的文章都会提及的重要因素。这两项因素经常相互影响,很难说哪一项因素的影响最大。这两项因素在人们的童年期、成年期直到老年期均可能会发生显著变化,从而影响人们的生活功能。

环境因素

在人的一生中,其境遇或环境会发生各种变化。一开始,我们依赖别人生活;后来(比如,我们成年了,处于未婚的青年时期),可能相对独立;接着,我们中的许多人进入了一个被配偶或子女等人依赖的时期；到了晚年，子女长大了，配偶亡故了，我们可能又回到了相对独立的状态。不过，某种程度上，我们在晚年也可能又回到依赖他人的状态。举个例子，有人可能会因为罹患青光眼而无法开车，除了去熟悉的地方，可能都需要成年子女或朋友开车送他/她去，或者可能要开始乘坐公共交通工具。

一个人如何应对生活环境的变化取决于许多因素。一个因素会导致其他环境因素的相应变化。中年时期是人们经济状况较为稳定的时期。但是，到了老年，人们的财力会因衰老相关状况（如为配偶支付疗养院费用）而缩水。这样一来，这种转变不仅是年龄的转变，也是财力的转变，这显然会对个人的生活功能产生重大影响。如果某个人的经济状况变差，这可能意味着他/她将不能加入对其社交生活很重要的乡村俱乐部，或者不得不搬离已经生活了几十年的社区或乡村的某个地区。

在人们老年时会发生变化的其他一些环境因素包括：社会支持和人际关系、可用的医疗保健服务以及他人态度。在社会支持和人际关系方面，如前所述，失去长期维系的人际关系可能会对人们的生活功能造成重大破坏。这种失去不一定与死亡有关。举个例子，退休后，有些人会为失去一同工作的同事而"难过"，尤其是在这份工作已做了很多年的情况下。

老年人获得现有或所需服务的机会也会受到影响。很多企业都在想方设法控制成本，这使得处方药服务等医疗福利可能会受到限制。随着越来越多的医生不接受联邦医疗保险（Medicare），一些老年人可能会发现自己无法再看私人医生，除非他们能够自付医疗费用。在与政府机构打交道方面，许多老年人可能在这种特别具有挑战性的体系上经验有限。这可能使他们很难通过谈判解决问题，甚至也很难意识到自己可以获得哪些政府服务。因此，他们可能无法充分利用现有资源。

我们还必须认真考虑老年人的态度对生活功能可能产生的负面影响。相关态度为自我刻板印象和他人刻板印象。如果个人有着自我刻板印象，则其会将刻板印象思维加诸自身。起初，我们可能会觉得这种情况似乎不可能发生，因为我们通常都认为刻板印象是对他人的态度，而不是对自己的态度。但是正如Gallois 和 Pittam（2002）在讨论人们晚年开始出现身心障碍时指出的那样，人们并不是一生下来就属于某些少数群体，而是后来才变成该群体中的一员的。Gallois 和 Pittam（2002）提到，有人因为中风，突然之间第一次被划入少数弱势群体——"残障人员"。他们如何应对这一新情况,可能会受到他们在自己身患残疾之前对残障人士的看法的影响。如果他们之前的看法是负面的,那么他们现在很可能就会对自己持负面的看法。在衰老方面,人们可能曾经对老年人有刻板印象,如今发现自己也处于这种境地。这种自身刻板印象会如何影响人们对自身身体功能的看法? 他们会在一出现功能障碍的迹象时就寻求治疗,还是会认为认知和智力下降是老年不可避免的结果? 他们会接受听力检查并使用助听器吗? 未来几代的老年人可能会有别于当今的老年人。一些人预计婴儿潮一代人晚年会比以前的老年人更具活力(Center of Health Communication,Harvard School of Public Health,2004)。然而,这一代人们寄予厚望的老年人能否接受和适应随着年龄增长而出现的一些正常障碍? 再者,他们对待衰老的方式是直接忽略衰老的存在还是"克服"衰老? 这些都还有待观察。

全社会对老年人的态度一直是许多研究的主题。当某人忘记某事或犯错时,一种常用的说法是此人犯了"老糊涂"。有一家公司生产了一款据称能改善记忆力的产品,并为之取名"老糊涂",对此,美国联邦贸易委员会特地给予了警告(Federal Trade Commission,2004)。有意思的是,对老年人的一种最佳恭维是称他们为"80 岁的年轻人",这意味着如果看起来实际上没有 80 岁,那 80 岁也不算什么。这句恭维话的意思是说,虽然你实际年龄已经有 80 岁了,但你在心态和精力上还是一个年轻人。因此,80 岁还能爬山(许多 40 岁的人都做不到)可以洗刷作为"老年人"的丢脸感。"抗衰老"疗法的涌现表明,许多西方文化认为衰老是一种疾病,可以通过生物化学疗法或更为先进的基因疗法"治愈"。从 ICF 的角度来说,全社会对老年人的任何负面态度都可能构成环境因素障碍,从而对老年人的生活功能和参与形成约束和限制。当人们患有沟通障碍时,这些负面态度会与所患疾病一样,阻碍人们参与生活。因此,沟通障碍治疗专家需要认真考虑这些态度的影响。

个人因素

"主要身份"是一个社会学术语,是指这样一种概念:抓住一个人的一种特质即可了解他/她的其他品性或特点(Marshall,1998)。这是关于种族、宗教信仰、社会经济水平、原籍国或职业的刻板印象中的一项常见元素。ICF 框架中纳入个人因素的一个原因是,ICF 认识到任何类型的功能障碍都只是个人完整自我的一个方面。因此,活动能力有限的轮椅使用者可能还在以下方面有所不同:

聪明、善良,甚至对他人障碍的包容心态。同样,在老年人口研究中,尽管关于该课题的讨论和研究很多,但是并没有"老年人格"甚至高预见性的"老年认知特征"的说法(Valdois,Joanette,Poissant,Ska & Dehaut,1990)。

人们向老年的顺利过渡取决于许多个人因素,包括应对技能、生活方式、个性、教养、教育和许多其他因素。事实上,人们向老年期的过渡过程及其老年生活的活跃程度与他们年轻时的生活方式有很大关系(Britton,Shipley,Singh-Manoux & Marmot,2008)。他们是每赚一分钱就会花掉,还是持续而自律地为晚年生活执行储蓄计划? 他们是在没有任何已知疾病的情况下仍留心自己的健康,还是过着"今朝有酒今朝醉"的生活?

个人因素也会影响人们应对正常衰老变化的方式(Steptoe,Wright,Kunz-Ebrecht & Llifee,2006;Yuen,Gibson,Yau & Mitcham,2007)。很多研究着眼于种族和社会经济地位等人口学因素,认为从这些因素中可以看出人们向老年过渡的状态。然而,人们在向老年过渡的过程中还有很多其他变化,而不仅仅是研究中通常关注的人口学变化。所有人都是遗传、环境和特质的独特组合。一些老年性的变化体现在正常一天中与他人沟通的方式,以及沟通对象和沟通人数的变化。Vogel 和 Awh(2008)以人体机能的这些变化为对象进行了论证。他们以视觉工作记忆为例,进行了如下阐述:

> 然而,在大多数认知神经学的规范研究中,这种个性差异常常被视为一种干扰或误差变量,可能会使独立变量水平之间的差异变得模糊。以这种方式处理个体差异对于认知学来说是有意义的,因为认知学旨在理解知觉、注意力和记忆等认知概念的总体运作过程。大多数认知神经学家感兴趣的是个体的思维方式,而不是对群体的全部能力范围进行登记和描述,也不是要弄清某一个个体与另一个个体有怎样不同的思维方式以及为什么有这样的思维方式。我们认为,这些目标并不相互排斥,在经过合理实验设计的情况下,通过个体能力差异的描述,人们通常可以更多地了解认知的基本运作过程(Vogel & Awh,2008,第 171 页)。

同理,在研究沟通障碍及其与正常衰老过程的联系时,临床医生和研究人员都应该以他们面前的患者,而不是直接地以理论上的典型患者为研究对象。关于结合实验框架观察个体差异,可能还有其他值得借鉴的内容。

人体机能障碍与环境因素和个人因素的相互影响

人们在研究正常老年人的沟通障碍时,还发现了正常衰老与环境因素和个人因素的相互影响。人们并非完全受制于环境,也经常会对其所处环境产生影响。我们一起来看看下面的这个例子。比尔出现听力下降,在人群中很难听懂别人的话,所以他退出了人际交往。比尔开始拒绝聚会邀请,很快,其他人也不再邀请他参与。此时,他认定朋友们已将他抛弃,于是跟他们断绝了关系。在严重的情况下,比尔可能会因为失去朋友而变得忧郁,并因此而疏于照顾自己的个人健康。

现在,我们来改变一下这个故事中的一些背景因素。在这种情况下,比尔的朋友们意识到有些不对劲。有一个人还说,他问比尔问题时,比尔好像听不见。比尔有一位朋友在使用助听器,效果很好,他答应去比尔家单独和他谈谈。他说服比尔去做了听力测试。比尔配了助听器,甚至还学习了一些听觉康复课程。他又回归到原来的团体当中,生活又变得美好起来。

我们建议的另一项改变是从比尔自身入手。有些事情会随着时间而改变,比尔接纳了这一点。他还回想了自己生活中的其他问题,以及过去通过求助他人来克服这些困境的事情。也许,他还不需要助听器,只要直接告诉别人在人群中和他说话时务必站在他前面并看着他。比尔也可以告诉别人,如果想和他进行完整的谈话,得去较为安静的房间才行。这么一来,比尔同样可以留在原来的团体里,生活仍然像过去一样美好。

在上述两种情境中,比尔身体机能的生理变化是一样的。然而,可以看出,不同的环境因素和个人因素影响着最终结果。在现实中,个体身体机能不同方面的组合和相互影响比上面给出的例子更为复杂。

如果老年人需要帮助,言语治疗师有必要上门看诊。该领域的多样性之广,甚于人们平常讨论的范围。不同人群之间的差异或许很大,但同一人群内的差异或许会更大。人们并非生来都有着相同的智力、个性和人生际遇,所以,我们毫无道理认为所有人在晚年时都一个样。此外,人们的智力、个性和生活际遇可能会随着时间的推移而变化,从而导致人们无法预测关于其自身未来的一些状况和行为。这些变化可能是好的,也可能是不好的。对一些人来说,老年是其一生中事业的巅峰期,比如,本杰明·富兰克林在 80 岁时签署了《独立宣言》,还有一些人在老年时能做一些年轻时没机会做的事情。有一名老妇人过去总是按丈夫说的做，丧偶后却开始四处参加政治活动，还有了自己的新圈子。有人可以谈论各种话题。再讲一个故事。阿尔弗雷德·威廉姆斯出生在阿肯色州的一个佃农家庭，当时非裔美国人都不需要上学。为了帮忙养家，他一直在棉田里工作，从来都不上学。最后，他于1998年破产，在收容所待了几个星期。但是到了2005年，70岁的阿尔弗雷德·威廉姆斯找了一个愿意教他的老师，开始学习读书识字，由此走进了沟通的新天地（Dennis，2008）。

结 束 语

总之，判断老年人是否"健康"是从多方面来看的，必须同时考虑功能性健康状况和传统的疾病指标。可使用"世卫组织国际功能、残疾和健康分类"（ICF），在"人体机能"和"活动/参与"等不同层面对功能性健康状况进行分类。此外，ICF还阐述了个人环境（如社会支持和态度）、人口学特征（如种族、性别）和个性特征等方面。疾病和功能性健康状况与环境因素及个人因素相互作用，影响着老年人的生活质量。政府、医疗系统和医疗机构越来越认识到，必须关注健康的方方面面，以确保老年人过上最好的生活。此外，上述各方还认识到，老年人在功能性健康和传统健康指标方面有很大差异，他们对这些健康方面的反应差异也很大。尽管衰老往往很遗憾地只与衰退有关，但老年人不仅能在面对健康问题时表现出一定的复原力，而且还能继续生长并体验全新的功能性健康。

要 点 速 览

● 世卫组织认为健康不仅包括身体健康，还包括精神和社会适应方面的完好状态

● 卫生政策专家和医务人员越来越认识到，功能性健康对于人们收获真正的健康至关重要

● 世卫组织制定了"国际功能、残疾和健康分类"（ICF），以帮助解决重要的功能性健康问题

● ICF框架包括人体结构、人体机能、活动/参与、环境因素和个人因素

● ICF框架有助于阐明健康、身心障碍和衰老之间复杂的相互影响

● 自我认识和他人对老年人的态度会对老年人的生活功能产生影响
● 老年人的健康状况和他们应对衰老的方法有很大的差异

思 考 题

1. ICF 提供的是描述性信息而不是具体诊断，为什么会有帮助呢？

2. 你认为你的父母和祖父母对衰老持怎样的态度？这与你对衰老的态度有什么不同吗？

3. 有时，医疗诊断并不能完全描述老年人的日常生活功能状况，你是否想到身边有这样的例子？

4. 如何使用 ICF 原则来对老年人进行评估？

参 考 文 献

American Speech-Language-Hearing Association. (2004). *Scope of Practice in Audiology* [Scope of Practice]. Retrieved July 12, 2009, from http://www.asha.org/policy.

American Speech-Language-Hearing Association. (2007). *Scope of Practice in Speech-Language Pathology* [Scope of Practice]. Retrieved July 12, 2009, from http://www.asha.org/policy.

Boldt, C., Brach, M., Grill, E., Berthou, A., Meister, K, Scheuringer, M. et al. (2005). The ICF categories identified in nursing interventions administered to neurological patients with post-acute rehabilitation needs. *Disability and Rehabilitation, 27,* 431–436.

Boldt, C., Grill, E., Wildner, M., Portenier, L., Wilke, S., Stucki, G. et al. (2005). ICF Core Set for patients with neurological conditions in the acute hospital. *Disability and Rehabilitation, 27,* 375–380.

Britton, A., Shipley, M., Singh-Manoux, A., & Marmot, M. (2008). Successful aging: The contribution of early-life and midlife risk factors. *Journal of the American Geriatrics Society, 56,* 1098–1105.

Brown, J., & Hasselkus, A. (2008). Professional associations' roles in advancing the ICF in speech-language pathology. *International Journal of Speech-Language Pathology, 10,* 78–82.

Brundtland, G. Opening address. WHO Conference on Health and Disability. Trieste, Italy, 2002. Retrieved June 24, 2008, from http://www.who.int/director-general/speeches/2002/english/20020418_disabilitytrieste.html.

Center for Health Communication, Harvard School of Public Health. (2004). *Reinventing aging: Baby boomers and civic engagement.* Boston: Harvard School of Public Health.

Cieza, A., Chatterji, S., Andersen, C., Cantista, P., Herceg, M., Melvin, J. et al. (2004). ICF Core Sets for depression. *Journal of Rehabilitation Medicine, 36,* 128–134.

Consolidated Health Initiative (2005). *Consolidated Health Informatics Initiative: Standards Adoption Recommendation—Functioning and Disability.* Retrieved October 8, 2009, from http://www.ncvhs.hhs.gov/061128lt.pdf.

Dennis, A. (2008). A first grader at age 70. *People, 69,* 92–99.

Dykstra, A. D., Hakel, M. E., & Adams, S. G. (2007). Application of the ICF in reduced speech intelligibility in dysarthria. *Seminars in Speech and Language, 28,* 301–311.

Eadie, T. (2007). Application of the ICF in communication after total laryngectomy. *Seminars in Speech and Language, 28,* 291–300.

Federal Trade Commission. (2004, July 13). News release: *"Senior Moment" maker neglects to prove its claims.* Accessed on June 12, 2008, from http://www.ftc.gov/opa/2004/07/nutramax.shtm.

Feliciano, H. (2007). *Promoting appropriate access to care.* Presentation at ICDR State-of-the-Art Conference: New Federal Applications of the ICF. Washington, DC.

Gallois, C., & Pittam, J. (2002). *Living with aphasia: The impact and communication of self-stereotypes and other stereotypes.* Seminar presented at the 10th International Aphasia Rehabilitation Conference, Brisbane, Australia.

Hancock, H. (2003). Rehabilitation for enhanced life participation: A living well program. *Speech Pathology Online.* Retrieved October 18, 2007, from http://www.speechpathology.com/articles/article_detail.asp?article_id=21.

Hickson, L., & Scarinci, N. (2007). Older adults with acquired hearing impairment: Applying the ICF in rehabilitation. *Seminars in Speech and Language, 28,* 283–290.

Hopper, T. (2007). The ICF and dementia. *Seminars in Speech and Language, 28,* 273–282.

Howe, T. (2008). The ICF Contextual Factors related to speech-language pathology. *International Journal of Speech-Language Pathology, 10,* 27–37.

Hurst, R. (2003). The international disability rights movement and the ICF. *Disability and Rehabilitation, 25,* 572–576.

Iezzoni, L. (2009, June). *Are the stars aligning for the ICF in the United States?* Presentation given at the Institute for Health Policy, Massachusetts General Hospital, Harvard Medical School. Retrieved October 8, 2009, from http://www.ncvhs.hhs.gov/090610p1.pdf.

Institute of Medicine. (2007). *Future of disability in America.* Washington, DC: National Academies Press.

Larkins, B. (2007). The application of the ICF in cognitive communication disorders following traumatic brain injuries. *Seminars in Speech and Language, 28,* 334–342.

Ma, E., Yiu, E., & Verdolini Abbott, K. (2007). Application of the ICF in voice disorders. *Seminars in Speech and Language, 28,* 343–350.

Marshall, G. (Ed.). (1998). *A dictionary of sociology.* Oxford: Oxford University Press.

McCormack, J., & Worrall, L. (2008). The ICF Body Functions and Structures related to speech-language pathology. *International Journal of Speech-Language Pathology, 10,* 9–17.

Mulhorn, K., & Threats, T. (2008). Speech, hearing, and communication across five national disability surveys: Results of a DISTAB study using the ICF to compare prevalence patterns. *International Journal of Speech-Language Pathology, 10,* 61–71.

National Committee on Vital and Health Statistics. (2001). *Classifying and reporting functional health status.* Washington, DC: Department of Health and Human Services.

O'Halloran, R., & Larkins, B. (2008). The ICF Activities and Participation related to speech-language pathology. *International Journal of Speech-Language Pathology, 10,* 18–26.

Peterson, D., & Rosenthal, D. (2005). The International Classification of Functioning, Disability and Health (ICF): A primer for rehabilitation educators. *Rehabilitation Education, 19,* 81–94.

Scott, W., Macera, C., Corman, C., & Sharpe, P. (1997). Functional health status as a predictor of mortality in men and women over 65. *Journal of Clinical Epidemiology, 50,* 291–296.

Simmons-Mackie, N., & Kagan, A. (2007). Application of the ICF in aphasia. *Seminars in Speech and Language*, 28, 244–253.

Skarakis-Doyle, E. & Doyle, P. (2008). The ICF as a framework for interdisciplinary doctoral education in rehabilitation: Implications for speech-language pathology. *International Journal of Speech-Language Pathology*, 10, 83–91.

Steptoe, A., Wright, C., Kunz-Ebrecht, S., & Llifee, S. (2006). Dispositional optimism and health behaviour in community-dwelling older people: Associations with healthy ageing. *British Journal of Health Psychology*, 11, 71–84.

Stucki, G., Cieza, A., Geyh, S., Battistella, L., Lloyd, J., Symmons, D. et al. (2004). ICF Core Sets for rheumatoid arthritis. *Journal of Rehabilitation Medicine*, 36, 87–93.

Threats, T. (2006). Towards an international framework for communication disorders: Use of the ICF. *Journal of Communication Disorders*, 39, 251–265.

Threats, T. (2007). Use of the ICF in dysphagia management. *Seminars in Speech and Language*, 28, 323–333.

Threats, T. (2008). Use of the ICF for clinical practice in speech-language pathology. *International Journal of Speech-Language Pathology*, 10, 50–60.

Valdois, S., Joanette, Y., Poissant, A., Ska, B., & Dehaut, F. (1990). Heterogeneity in the cognitive profile of normal elderly. *Journal of Clinical and Experimental Neuropsychology*, 12, 587–596.

Vogel, E., & Awh, E. (2008). How to exploit diversity for scientific gain: Using individual differences to constrain cognitive theory. *Current Directions in Psychological Science*, 17, 171–176.

World Health Organization. (1945). *World Health Organization Constitution*. Geneva, Switzerland. Retrieved October 18, 2007, from http://www.searo.who.int/EN/Section898/Section1441.htm.

World Health Organization. (2001). *International Classification of Functioning, Disability, and Health (ICF)*. Geneva, Switzerland: World Health Organization.

World Health Organization. (2007). *International Statistical Classification of Diseases and Related Health Problems–10*. Geneva, Switzerland: World Health Organization.

World Health Organization. (2009). *ICF application areas*. Retrieved October 8, 2009, from http://www.who.int/classifications/icf/appareas/en/index.html.

Worrall, L., & Hickson, L. (2008). The use of the ICF in speech-language pathology research: Towards a research agenda. *International Journal of Speech-Language Pathology*, 10, 72–77.

Yuen, H., Gibson, R., Yau, M., & Mitcham, M. (2007). Actions and personal attributes of community-dwelling older adults to maintain independence. *Physical and Occupational Therapy in Geriatrics*, 25, 35–53.

附　录

成　人　量　表

量　表	测评内容	优　点	缺　点
"失语症诊断性评量"（简称"ADP"；Helm-Estabrooks，1992）	表达、理解、失语症严重程度、替代性沟通方法（如手势）	一系列小测验，检查各种能力	给患者或临床医生的测试或评分指令并非都很清晰；测评结果并非一直很可靠
"失语症语言操作量表"（简称"ALPS"，Keenan & Brassell，1975）	读、写、听、说	约 30 分钟即可完成	每个测试部分不同难易程度的试题较少；患者需要有充分的听觉理解力，才能完成阅读测试
"成人失语症成套测验"第 2 版（简称" ABA-2 "；Dabul，2003）	口腔轮替运动速率、单词长度增加、肢体失用、口腔失用、多音节词的延迟时间和说话时间	指令易于患者理解	对于较严重的损伤，测试时间可能会有所增加
"亚利桑那州认知症交流障碍检查法"（简称"ABCD"；Bayles & Tomoeda，1993）。	精神状态、故事即时复述和延迟复述、听从指令、命名和复述、单词学习、阅读理解及图形临摹；含有言语识别和视觉感知筛查测试	提供健康老年人和年轻人的常模数据；以及阿尔茨海默病和帕金森症所致认知症患者的常模数据	不适用于重度阿尔茨海默病患者
"构音障碍性言语清晰度测评"（简称"AIDS"；Yorkston & Beukelman，1984）	构音障碍患者在接受语音平衡测试时的清晰度和语速	可以对患者所说单个单词和句子的清晰度进行考量；提供语速标准	诊治者需要有人帮助聆听和抄写患者的回答；语速标准并不是针对老年人制定的

（续表）

量　表	测评内容	优　点	缺　点
"双语语言能力测试"（简称"BVAT"；Munoz-Sandoval，Cummins，Alvarado & Ruef，2005）	图片命名	同时使用两种语言来测试双语者的知识，包括但不限于英语、阿拉伯语、汉语、法语、德语、印地语、意大利语、俄语、西班牙语和土耳其语	测试最好由双语考官进行
"波士顿重度失语症测评"（简称"BASA"；Helm-Estabrooks，Ramsberger，Morgan & Nicholas，1989）	社交问候、简单对话、判断题、定向问题、口面动作、发长音"a"、唱歌、复述、肢体动作、数字符号理解、物体和名人面孔命名、阅读及签名	专为重度失语症患者设计性质全面，提供良好的多模式基准数据	由于需要用到所有卡片和物体的原因，只能在病床上进行测试，这可能会很尴尬
"波士顿诊断性失语检查法"第3版（简称"BDAE-3"；Goodglass，Kaplan & Barresi，2001）	会话性和说明性言语、听觉理解、口头表达、书面语理解、书写	全面并提供良好的多模式基准数据对患者作出失语症诊断	测试时间可能很长（1～3小时）不适用于重度阿尔茨海默病患者
"波士顿命名测试"第2版（简称"BNT-2"；Kaplan，Goodglass及Weintraub，2001）	说出60幅线条画中熟悉程度不同的物体（如床、算盘）的能力	可用于不同年龄段（6岁至成年）患者；使用起来很简单；已被翻译成多种语言	患者可能患病前并不认识目标物品
"认知语言快速测试"（简称"CLQT"；Helm-Estabrooks，2001）	注意力、记忆力、语言、执行功能、视觉空间技能	一般可以在15～30分钟内完成；包括语言和非语言测试；有英语和西班牙语版本	老年人可能会出现增龄性视力减退，导致在视觉空间测试部分表现不佳，但这可能并不能真正反映他们的认知能力
"日常生活中的沟通行为"第2版（简称"CADL-2"；Holland，Frattali & Fromm，1999）	阅读、书写、数字使用、社交互动、情景沟通和非语言沟通、阐释幽默和谬论	评估模拟的日常生活场景中的沟通	需要一部电话和通话对象

量　表	测评内容	优　点	缺　点
"Dworkin-Culatta 口腔功能评估与治疗方法"（Dworkin & Culatta,1980）	口腔失用症和言语失用症	一般很容易评分；可用于幼儿和成人	可能需要 1～2 个小时才能完成 不够规范
"功能性沟通能力测验"修订版（简称"FCP"；Kleiman,2003）	感觉能力（如听觉、视觉）、运动能力（如抓握、头位和体位活动）、行为、注意力、接受性语言、表达性语言、语用/社交能力、言语、声音、口试、流利性、非语言沟通	测试过程中诊治者会对患者进行观察；评估模拟的日常生活场景中的沟通	无常模数据；诊治者需要自行提供测试材料
"独立生活量表"（Loeb,1996）	定向能力、日常生活活动能力,比如：理财、管家和交通（如,知道如何调节家里的气温,知道如何查找公共汽车票价）、健康和安全（如,知道报警方法、知道何时过马路安全）,以及患者的心理健康	与独立日常生活相关的功能测试	如果患者无法通过言语进行自我表达,可能会在测试中表现不佳
"Mann 吞咽能力评估"（简称"MASA"；Mann,2002）	吞咽困难和误吸的可能性以及损伤的严重程度	可以用于帮助提出饮食建议 也评估注意力、配合度和听觉理解等相关方面	常模数据仅针对中风患者
"右侧脑损伤简易量表"第 2 版（简称"MIRBI-2"；Pimental & Kingsbury,2000）	字母识别、阅读、书写、减法运算、画钟、左侧忽略症的存在、理解情感性、幽默性和比喻性语言	一般可以在 30 分钟内完成 为数不多的专用于测试右半球损伤后能力的测试之一	理解幽默需要达到一定的高度 在提供书写样本时,要求患者描述自己家中的一个房间,这对住在疗养院的人来说可能是个难题
"明尼苏达失语症鉴别诊断测验"（简称"MTDDA"；Schuell,1973）	听觉能力、视觉和阅读能力、言语和语言、数学、书写、数量关系（如,找零、设置时钟）	很全面；有条理；不进行失语症分类	完成整个测试可能需要很长时间（1.5～2.5 小时）

（续表）

量 表	测评内容	优 点	缺 点
"Porch 交往能力指数"（简称"PICA"；Porch，2001）	听觉、阅读、言语、手势和书面能力	很全面；可用于各种神经源性疾病患者；使用多向度评量法	完成测试可能需要很长时间；为准确实施测试和评分，需要进行大量培训（40 小时）
"失语症阅读理解成套测验"第 2 版（简称"RCBA-2"；LaPointe & Horner，1998）	个别词语理解、阅读短句并回答问题、同义词、句子理解、段落理解、事实理解和推理理解、形态句法阅读理解、字母辨别、字母命名、字母识别	测试一般简单可行；供患者使用的测试材料采用大号加粗字体；约 30 分钟即可完成	可用的常模数据有限；补充测试令人费解
"标记测验修订版"（简称"RTT"；McNeil & Prescott，1978）	与脑损伤、失语症和语言/学习障碍相关的低效听觉处理	提供测试材料；能灵敏检测出通过观察可能无法明显察觉的损伤；能够检测出其他规范测试无法检测到的轻度听觉理解障碍	初次实施测试和评分时可能会找不到头绪；测试和评分可能需要很长时间
芝加哥康复研究所（RIC）"右半球功能障碍相关沟通问题评估"修订版（简称"RICE-R"；Halper，Cherney，Burns & Mogil，1996）	语用（非言语和言语）特点，包括语调、面部表情、眼神交流、手势、进行对话、话轮转换、话题维系和回答内容长短	专为评估右半球受损者的认知交流问题而制定；为非正式观察提供框架；让诊治者能够考虑到个体差异，并将患者当前表现与其病前特征进行对比	必须进行培训，以便更可靠地使用测试所含量表
"Rivermead 行为记忆测验"第 3 版（简称"RBMT-III"；Wilson et al.，2008）	定向、故事回忆、面部和图片识别，以及关于预约时间、姓名和要转达的信息的记忆	约 30 分钟即可完成；包括即时回忆和延迟回忆	测试可能无法对患者在日常生活中可能遇到的各种记忆问题进行充分检测
"Ross 信息处理评估"第 2 版（简称"RIPA-2"；Ross-Swain，1996）	瞬时记忆和近期记忆、长期记忆、定向、推理和解决问题的能力。	评估许多不同的认知语言领域；指令易于诊治者和患者理解	患者可能不太熟悉其中的一些比喻性语言或历史性问题，例如，不要为打翻的牛奶哭泣（覆水难收，后悔无益），海伦·凯勒是谁

(续表)

量 表	测评内容	优 点	缺 点
"Ross 信息处理评估（老年人版）"（简称" RIPA-G "； Ross-Swain & Fogle，1996)	瞬时记忆和近期记忆、久远记忆、空间定向、推理、定向、问题解决、处理行为（例如，测试中会出现这样的问题：如果在浴室需要帮助或呼叫灯不亮时该怎么办）	专为 65 岁及以上的老年人设计，评估许多不同的认知语言领域	接受家庭医疗服务的患者可能无法回答与在医院或医疗机构就诊相关的问题
"创伤性脑损伤认知能力量表"（简称"SCATBI"；Adamovich & Henderson，1992)	定向、组织、感知/辨别、回忆和推理。	标准量表，提供颅脑损伤受试者样本数据和无颅脑损伤受试者组数据；含有适用机能状态良好的患者的测试项目	最长可能需要 2 个小时才能完成
"口腔结构和功能测试"（简称"TOSF"；Vitali，1986)	发音、语速、流利度、嗓音、非语言口腔功能、口面结构	可用作筛查或全面诊断工具	患者可能不熟悉其中的一些测试项目
"西方失语症成套测验"修订版（简称"WAB-R"；Kertesz，2006)	言语流利度、听觉理解、复述、命名、阅读、书写、失用、视觉空间能力和计算能力	包括整套测试项目和患者在病床上接受的筛查项目；采用两种不同的测验形式；甄别和划分失语症类型	对患者所属失语症类型的划分可能不一致；一些测试材料（20 样物品）未予以提供

参 考 文 献

Adamovich, B. B., & Henderson, J. (1992). *Scales of cognitive ability for traumatic brain injury*. East Moline, IL: LinguiSystems.

Bayles, K. A. & Tomoeda, C. K. (1993). *Arizona battery for communication disorders of dementia*. Austin, TX: Pro-Ed.

Dabul, B. (2003). *Apraxia battery for adults* (2nd ed.). Austin, TX: Pro-Ed.

Dworkin, J. P., & Culatta, R. (1980). *Dworkin-culatta oral mechanism examination and treatment System*. Nicholasville, KY: Edgewood Press.

Goodglass, H., Kaplan, E., & Barresi, B. (2001). *Boston diagnostic aphasia examination* (3rd ed.). Philadelphia: Lippincott Williams & Wilkins.

Halper, A. S., Cherney, L. R., Burns, M. S., & Mogil, S. I. (1996). *RIC evaluation of commu-*

nication problems in right hemisphere dysfunction–revised. Gaithersburg, MD: Aspen Publication, Inc.

Helm-Estabrooks, N. (1992). *Aphasia diagnostic profiles*. New York: Riverside Publishing Co.

Helm-Estabrooks, N. (2001). *Cognitive linguistic quick test*. San Antonio, TX: The Psychological Corporation.

Helm-Estabrooks, N., Ramsberger, G., Morgan, A. R., & Nicholas, M. (1989). *Boston assessment of severe aphasia*. San Antonio, TX: Special Press, Inc.

Holland, A. L., Frattali, C., & Fromm, D. (1999). *Communication activities of daily Living* (2nd ed.). Austin, TX: Pro-Ed.

Kaplan, E., Goodglass, H., & Weintraub, S. (2001). *Boston naming test* (2nd ed.). Philadelphia: Lippincott Williams & Wilkins.

Keenan, J. S., & Brassell, E. G. (1975). *Aphasia language performance scales*. Murfreesboro, TN: Pinnacle Press.

Kertesz, A. (2006). *The western aphasia battery-revised*. San Antonio, TX: Pearson.

Kleiman, L. J. (2003). *Functional communication profile-revised*. East Moline, IL: LinguiSystems.

LaPointe, L. L., & Horner, J. (1998). *Reading comprehension battery for aphasia*. Austin, TX: Pro-Ed.

Loeb, P. A. (1996). *Independent living scales*. san Antonio, TX: The Psychological Corporation.

Mann, G. (2002). *MASA: The mann assessment of swallowing ability*. Clifton Park, NY: Thomson Delmar Learning.

McNeil, M., & Prescott, T. (1978). *Revised token test*. Austin, TX: Pro-Ed.

Munoz-Sandoval, A. F., Cummins, J., Alvarado, C. G., & Ruef, M. L. (2005). *Bilingual verbal ability tests*. Itasca, IL: Riverside Publishing.

Pimental, P., & Kingsbury, N. A. (2000). *Mini inventory of right brain injury* (2nd ed.). Austin, TX: Pro-Ed.

Porch, B. E. (2001). *Porch index of communicative ability*. Albuquerque, NM: PICA Programs.

Ross-Swain, D. (1996). *Ross information processing assessment* (2nd ed.). Austin, TX: Pro-Ed.

Ross-Swain, D., & Fogle, P. T. (1996). *Ross information processing assessment–geriatric*. Austin, TX: Pro-Ed.

Schuell, H. (1973). *Minnesota test for differential diagnosis of aphasia*. Minneapolis: Lund Press.

Vitali, G. J. (1986). *Test of oral structures and functions*. East Aurora, NY: Slossan Educational Publications.

Wilson, B. A., Greenfield, E., Clare, L., Baddeley, A., Cockburn, J., Watson, P., et al. (2008). *Rivermead behavioral memory test* (3rd ed.). London: Pearson.

Yorkston, K. M., & Beukelman, D. R. (1984). *Assessment of intelligibility of dysarthric speech*. Tigard, OR: C. C. Publications.

术 语 表

指代不清（Ambiguous referencing）：指一个代词有可能指代两个先行词中的任一个的情况（例如，Harold 告诉他父亲他明天有治疗）。

抗胆碱能药（Anticholinergics）：阻断神经递质乙酰胆碱与神经细胞受体结合的一类药物。用于治疗多种疾病，如胃肠疾病（如肠易激综合征）、尿失禁和哮喘等。

非周期性声带振动（Aperiodicity）：声带连续振动周期中发生的振动不规则现象。

动脉粥样硬化（Atherosclerotic）：由于血管内脂质沉积聚集而造成的动脉硬化，会因此导致血流阻塞。

肌肉萎缩（Atrophy）：肌肉逐渐减少或肌肉体积缩小。

颈部听诊法（Cervical auscultation）：在患者吞咽时，将听诊器放在其颈部各部位；可用于在患者吞咽过程中或吞咽后立即检测是否有水泡音，以确定患者是否发生误吸。

共病（Comorbidities）：两种或多种并存的疾病或障碍。

对证命名（Confrontational naming）：给受试者展示一系列物品或图片，要求其说出物品的名称。

挤喉音（Creaky voice）：声带以非常低的频率振动时发出的声音，频率之低，会出现聆听者可察觉到的无声段；有时亦被称为"气泡音"。

有牙（Dentulous）：拥有天然牙。

同类事物发散联想（Divergent categorization）：要求受试者说出属于给定类别（如动物）的事物（如猫、狗）。

背侧脊柱后凸(**Dorsal kyphosis**)：上脊柱过度向前弯曲。

水肿(**Edema**)：体液在身体组织中积聚引起的肿胀。

无牙(**Edentulous**)：没有任何牙齿。

子句(**Embedded clauses**)：也称"从句"，即复合句里的一个分句。例如，"The woman who sang is her mother(唱歌的女人是她的母亲)"。

第一共振峰(**First formant**)：最低共振频率。

基频(**Fundamental frequency**)：周期性复合波中的最低频率成分。

动名词子句(**Gerund clauses**)：包含动词现在分词形式(即动词加后缀"ing")的子句，例如，"I heard the baby crying(我听到婴儿在哭)"。

异质性(**Heterogeneity**)：个体差异。

同音异形异义词(**Homophones**)：读音相同但拼写不同且有不同含义的单词，例如，sea(海洋)/see(看见)，here(这里)/hear(听见)。

高碳酸血症(**Hypercapnia**)：血液中二氧化碳过多的病症。

等长收缩(**Isometric**)：对静止物体施压导致的肌肉收缩。

基频微扰(**Jitter**)：声带振动时间的不规则性。

左分支结构从句(**Left-branching clauses**)：子句出现在主要子句左边的语句，例如，"The gal who runs a nursery school for our church is awfully young"(管理我们教会托儿所的姑娘是非常年轻的)。

管腔(**Lumina**)：管状器官的腔。

耳中毒(**Ototoxicity**)：耳朵受损；症状包括耳鸣、听力减退和眩晕。

语法倒错性言语障碍(**Paragrammatisms**)：言语有语法错误，如遗漏语法语素。

错语(**Paraphasias**)：将不正确的词语当成目标词语使用。

实质(**Parenchyma**)：器官的基本部分或功能部分。

(气道)开放状态(**Patent**)：畅通无阻。

老年性耳聋(**Presbycusis**)：增龄性听力损伤，经常导致言语识别障碍。

老年性吞咽障碍(**Presbyglutiton**)："吞咽功能老化"。

喉部老化(**Presbylarynges**)："声带老化"。

老年性嗓音障碍(**Presbyphonia**)：增龄性嗓音退化，表现为声带弯曲和声门闭合不全，会导致细弱的气息音。

命题密度(**Propositional density**)：相应话语量所传递的信息量。

回应式命名(Responsive naming)：测试者提出一个简短的问题(通常与某个物品的功能和/或其他特征相关)，要求受试者听到之后说出相关事物的名称。例如，问："你用什么写字?"答："钢笔。"

右分支结构从句(Right-branching clauses)：各个分句按顺序出现，子句出现在主子句右边的语句。例如，"She's awfully young to be running a nursery for our church"(她太年轻了，无法管理我们教会的托儿所)。

肌少症(Sarcopenia)：增龄性肌肉质量、力量和功能的衰退。

语义性错写(Semantic paragraphias)：回答时将目标单词拼写或书写成与其在读音或字形上几乎毫无相似之处，但存在一定联系的单词。例如，将单词"propeller"(螺旋桨)写成"flight"(飞行)。

语义性错语(Semantic paraphasias)：将目标单词说成与之存在一定联系的单词。例如，当看到勺子时说"叉子"，看到钢笔时说"铅笔"。

老年性嗓音(Senescent voice)：老年人的声音。

振幅微扰(Shimmer)：声带振动幅度的不规则性。

必要条件(Sine qua non)：要素；前提。

干燥综合征(Sjögren's syndrom)：一种自身免疫性疾病，其特点为泪腺和唾液腺遭到破坏，导致口干和眼干。症状包括疲劳、关节痛和抑郁。

说话冗长(Verbosity)：所说话语中带有冗余表达。

椎关节(Vertebral articulations)：相邻椎骨通过韧带连结形成的关节。

口腔干燥症(Xerostomia)：口干。